中华人民共和国
妇女权益保障法

新旧对照与重点解读

中国法制出版社
CHINA LEGAL PUBLISHING HOUSE

目　　录

2

★附赠内容★

　　免费赠送如下内容电子版，请扫描封底"法规编辑部"二维码，在公号"资料下载"—"新旧对照重点解读"处获取。

中华人民共和国宪法（节录）
　　（2018 年 3 月 11 日）
中华人民共和国民法典（节录）
　　（2020 年 5 月 28 日）
中华人民共和国母婴保健法
　　（2017 年 11 月 4 日）
中华人民共和国治安管理处罚法（节录）
　　（2012 年 10 月 26 日）
中华人民共和国刑法（节录）
　　（2020 年 12 月 26 日）
中华人民共和国刑事诉讼法（节录）
　　（2018 年 10 月 26 日）
中华人民共和国反家庭暴力法
　　（2015 年 12 月 27 日）
中华人民共和国法律援助法（节录）
　　（2021 年 8 月 20 日）

《中华人民共和国妇女权益保障法》学习指引

《妇女权益保障法》是关于妇女权益保护的基本法律。该法于 1992 年 4 月 3 日第七届全国人民代表大会第五次会议通过，并于 2005 年 8 月 28 日作了较大修改、于 2018 年 10 月 26 日作了个别调整。《妇女权益保障法》实施三十年来，为妇女的政治、经济、文化、社会和家庭生活等各方面权益提供了有力法治保障，推动男女平等基本国策深入人心。2022 年 10 月 30 日，第十三届全国人大常委会第三十七次会议审议通过新修订的《妇女权益保障法》。

一、本次修订的亮点

本次《妇女权益保障法》修订，是继 2005 年、2018 年两次修改后的一次全面修订。新修订的《妇女权益保障法》在原有规定基础上，积极适应新时代、新任务、新要求，对妇女权益保障制度机制作出更加全面系统的规定，亮点众多。总的看，主要体现在四个方面：

一是全面贯彻落实男女平等基本国策，不断丰富妇女权益保障制度内容。实现男女平等是衡量社会文明的重要尺度，党和国家历来重视妇女发展与进步，把男女平等作为促进我国社会发展的一项基本国策。2005 年《妇女权益保障法》修改，明确规定"男女平等是国家的基本国策"。党的十八大、十九大、二十大报告均将"坚持男女平等基本国策"写入党的执政纲领，充分彰显实现男女平等的坚定意志。新修订的《妇女权益保障法》全面贯彻落实男女平等基本国策，不仅在总则中明确规定国家采取必要措施，促进男女平等，还在各章中不断丰富完善妇女权益保障的具体制度规定，确保妇女在政治、经济、文化、社会和家庭生活等各方面享有同男子平等的权利，确保广大妇女平等参与社会生活、平等获得发展机遇、平等享有发展成果。

二是落实全面保障基础上，根据新时代妇女工作特点和妇女事业发展要求强化特殊保护。新修订的《妇女权益保障法》对妇女的政治权利、人身和人格权益、文化教育权益、劳动和社会保障权益、财产权益、婚姻家庭权益等各方面权益作出规定。在体现和落实全面保障的基础上，更加突出结合妇女自身特点和妇女工作实际，强调保护妇女依法享有的特殊权益、考虑妇女的特殊需求，在医疗保健和健康检查、公共设施配建、生育服务保障、预防和处置性骚扰、消除就业性别歧视等诸多方面，根据妇女特点提供特殊保护，为有效实现男女平等和促进妇女全面发展提供有力支撑。

三是完善政府相关保障措施，强化妇女联合会等有关方面的保障职责。新修订的《妇女权益保障法》积极贯彻落实党的二十大精神，全面总结我国妇女事业发展成就与经验，旗帜鲜明强调坚持中国共产党对妇女权益保障工作的领导，确保新时代妇女权益保障事业始终有"主心骨"，始终坚持正确政治方向。明确建立政府主导、各方协同、社会参与的保障妇女权益工作机制，从制定和实施妇女发展规划、提供经费保障、完善妇女发展状况统计调查制度、发展妇女卫生健康事业、消除就业性别歧视、预防和处置侵害妇女权益违法犯罪行为等各方面，完善政府及其有关部门的具体保障措施。与此同时，新修订的《妇女权益保障法》高度重视妇联组织重要作用，进一步明确妇联做好维护妇女权益、促进男女平等和妇女全面发展的工作，明确妇女的合法权益受到侵害可以向妇女联合会求助。妇女联合会等妇女组织应当维护被侵害妇女的合法权益，支持帮助受害妇女，督促有关部门或者单位依法查处。

四是倡导全社会尊重和关爱妇女，鼓励和支持妇女自强。新修订的《妇女权益保障法》重视动员全社会各方面力量，共同关心、关爱和支持妇女发展，明确将男女平等基本国策纳入国民教育体系，通过开展宣传教育，增强全社会的男女平等意识，培育尊重和关爱妇女的社会风尚。组织动员国家机关、社会团体、企业事业单位、基层群众性自治组织以及其他组织和个人，结合工作职责和自身特点开展妇女权益保障工作，鼓励和支持社会力量通过依法捐赠、资助或者提供志愿服务等方式参与妇女权益保障事业。与此同时，充分尊重妇女的重要主体地位，明确国家采取措施支持女性人才成长，保障女性平等享有接受中高等教育的权利和机会，健全全民终身学习体系，为妇女终身学习创造条件，为妇女创造公平的就业创业环境，为困难妇女提供必要帮扶，保障和促进妇女在各领域的全面发展，更好发挥妇女"半边天"的重要作用。

二、本次修订的主要内容

《妇女权益保障法》修订前共九章、六十一条，经过本次修订，增至十章、共八十六条，修改涉及条款多，增加的规定多，结构上也有调整。主要作了以下修改：

（一）完善总体性制度机制。一是在立法目的中增加促进妇女全面发展、弘扬社会主义核心价值观。二是规定国家采取必要措施，促进男女平等，消除对妇女一切形式的歧视，禁止排斥、限制妇女依法享有和行使各项权益。三是规定坚持中国共产党对妇女权益保障工作的领导，建立政府主导、各方协同、社会参与的保障妇女权益工作机制。四是规定男女平等评估机制、妇女发展状况和权益保障统计调查制度。五是明确国家将男女平等基本国策纳入国民教育体系。

（二）完善政治权利保障。一是规定国家采取措施支持女性人才成长。二是贯彻全过程人民民主，明确妇女联合会代表妇女积极参与国家和社会事务的民主协商、民主决策、民主管理和民主监督。

（三）完善人身和人格权益。一是将第六章"人身权利"前移作为第三章，并将章名修改为"人身和人格权益"，突出人身和人格权益的重要地位。二是强调妇女的人格尊严不受侵犯。三是强调禁止进行非医学需要的胎儿性别鉴定和选择性别的人工终止妊娠，规定医疗机构施行有关医疗活动时，应当尊重妇女本人意愿。四是在禁止拐卖、绑架妇女的基础上，规定政府及有关部门、村民委员会、居民委员会发现报告和解救、安置、救助、关爱被拐卖、绑架的妇女等职责。五是在禁止对妇女实施性骚扰的基础上，进一步完善预防和处置性骚扰、性侵害制度机制。六是规定住宿经营者应当加强安全保障措施，发现可能侵害妇女权益的违法犯罪行为，及时向公安机关报告。七是媒体报道涉及妇女事件应当客观、适度，不得侵害妇女的人格权益。八是加强婚恋交友关系中的妇女权益保障，扩大人身安全保护令的适用范围。九是规定建立健全妇女健康服务体系、心理健康服务支持以及全生育周期系统保健制度，设立妇幼保健机构，定期为女职工安排健康检查，合理配备满足妇女需要的公共设施。

（四）完善文化教育权益。一是完善保障适龄女性未成年人接受并完成义务教育的制度机制。二是规定政府采取措施保障女性平等享有接受中高等教育的权利和机会。三是规定国家健全终身学习体系，为妇女终身学习创造条件。

（五）完善劳动和社会保障权益。一是消除就业性别歧视，明确就业性别歧视的具体情形，将就业性别歧视纳入劳动保障监察范围。二是规定用人单位女职工权益保障相关责任，明确劳动（聘用）合同或者服务协议中应当包含女职工权益保护相关内容。三是完善生育保障，规定国家建立健全职工生育休假制度，明确用人单位对女职工的生育保障义务，要求用人单位不得因结婚、怀孕、产假、哺乳等情形，限制女职工晋职、晋级、评聘专业技术职称和职务等。四是落实习近平总书记有关重要讲话精神，规定加强对贫困妇女、老龄妇女、残疾妇女等困难妇女的权益保障。

（六）完善财产权益。一是规定妇女在农村集体经济组织成员身份确认、不动产登记、征收或者征用补偿等方面的权利。二是规定村民自治章程、村规民约以及涉及村民利益事项的决定，不得侵害妇女在农村集体经济组织中的权益。三是规定国家保护妇女在城镇集体所有财产关系中的权益。

（七）完善婚姻家庭权益。一是规定国家鼓励婚前体检，明确婚姻登记机关应当提供婚姻家庭辅导服务。二是规定妇女对夫妻共同财产享有要求记载其姓名等权利。三是规定离婚诉讼期间共同财产查询、离婚时家务劳动经济补偿等制度。

（八）完善救济措施。增加一章关于"救济措施"的规定，作为第八章。一是规定人民政府负责妇女工作的机构、妇女联合会可以督促有关部门或者单位依法查处侵害妇女权益的行为。二是规定用人单位侵害妇女劳动和社会保障权益的，人力资源和社会保障部门可以联合工会、妇女联合会约谈用人单位。三是规定妇女在农村集体经济组织成员身份确认等方面权益受到侵害时的救济措施，明确乡镇人民政府对村民自治章程、村规民约以及涉及村民利益事项的决定进行指导监督。四是规定妇女权益保障公益诉讼、支持起诉等制度。

（九）完善法律责任。就违反有关报告义务、预防和制止性骚扰义务、消除就业性别歧视等义务的行为，规定相应的法律责任。

《中华人民共和国妇女权益保障法》
新旧对照与重点解读表[*]

（左栏黑体部分为增加的内容，右栏删除线部分为删除的内容，两栏下划线部分为修改的内容，右栏波浪线部分为移动的内容）

---

　　* 以下表格左栏为 2022 年 10 月 30 日第十三届全国人民代表大会常务委员会第三十七次会议修订公布的新《妇女权益保障法》，右栏为 1992 年 4 月 3 日通过、2005 年 8 月 28 日第一次修正、2018 年 10 月 26 日第二次修正的旧《妇女权益保障法》。

第一章 总 则

第一条 【立法目的】

第一条 为了保障妇女的合法权益，促进男女平等和妇女全面发展，充分发挥妇女在全面建设社会主义现代化国家中的作用，弘扬社会主义核心价值观，根据宪法，制定本法。	第一条 为了保障妇女的合法权益，促进男女平等，充分发挥妇女在社会主义现代化建设中的作用，根据宪法~~和我国的实际情况~~，制定本法。

1. 与修改前相比，立法目的上有一些变化，增加了促进妇女全面发展、弘扬社会主义核心价值观等内容。

2. 党的十九届六中全会通过的《中共中央关于党的百年奋斗重大成就和历史经验的决议》提出："推动人的全面发展、全体人民共同富裕取得更为明显的实质性进展。"妇女的发展水平是衡量一个国家文明程度和现代化进程的重要标志，促进妇女全面发展是促进人的全面发展、促进国家文明进步的题中应有之意。

3. 对于如何促进妇女的全面发展，《中国妇女发展纲要（2021-2030年）》在"基本原则"部分就此进行了说明："统筹兼顾妇女在政治、经济、文化、社会和家庭各方面的发展利益，有效解决制约妇女发展的重点难点问题，统筹推进城乡、区域、群体之间妇女的均衡发展，协调推进妇女在各领域的全面发展。"由此可见，妇女的全面发展是所有女性全方位各领域的均衡协调发展。

第二条 【男女平等与妇女依法特殊保护】

第二条 男女平等是国家的基本国策。妇女在政治的、经济的、文化的、社会的和家庭的生活等各方面享有同男子平等的权利。	第二条 妇女在政治的、经济的、文化的、社会的和家庭的生活等各方面享有同男子平等的权利。

国家采取必要措施，**促进男女平等**，消除对妇女一切形式的歧视，**禁止排斥、限制妇女依法享有和行使各项权益**。 国家保护妇女依法享有的特殊权益。	实行男女平等是国家的基本国策。国家采取必要措施，逐步完善保障妇女权益的各项制度，消除对妇女一切形式的歧视。 国家保护妇女依法享有的特殊权益。 禁止歧视、虐待、遗弃、残害妇女。（本款移至新法第二十一条第一款中合并规定）

> 本条修改时，首先将原法第二款规定的男女平等基本国策提升到条文开端，凸显男女平等作为基本国策的重要地位；其次，对"歧视"的概念做出了一定的解释。

第三条 【妇女权益保障工作领导和工作机制】

第三条 坚持中国共产党对妇女权益保障工作的领导，建立政府主导、各方协同、社会参与的保障妇女权益工作机制。 各级人民政府应当重视和加强妇女权益的保障工作。 县级以上人民政府负责妇女儿童工作的机构，负责组织、协调、指导、督促有关部门做好妇女权益的保障工作。 县级以上人民政府有关部门在各自的职责范围内做好妇女权益的保障工作。	第六条 各级人民政府应当重视和加强妇女权益的保障工作。 县级以上人民政府负责妇女儿童工作的机构，负责组织、协调、指导、督促有关部门做好妇女权益的保障工作。 县级以上人民政府有关部门在各自的职责范围内做好妇女权益的保障工作。

> 本条强调了妇女权益保障工作中党的领导和政府的主导地位以及妇女权益保障工作机制。

第四条 【保障妇女合法权益】

第四条 保障妇女的合法权益是全社会的共同责任。国家机关、社会团体、企业事业单位、基层群众性自治组织**以及其他组织和个人，应当依法**保障妇女的权益。 国家采取有效措施，为妇女依法行使权利提供必要的条件。	第四条 保障妇女的合法权益是全社会的共同责任。国家机关、社会团体、企业事业单位、~~城乡~~基层群众性自治组织，应当依照本法和有关法律的规定，保障妇女的权益。 国家采取有效措施，为妇女依法行使权利提供必要的条件。

其他组织和个人的职责作为本款的兜底性表述，也是本次修法增加的内容，从而体现了我国全方位、立体保障妇女权益工作的立场，进而强调了妇女权益保障工作是全社会的责任，也是需要持之以恒不断推进的工作。

第五条 【妇女发展纲要和规划】

第五条 国务院制定**和组织实施**中国妇女发展纲要，将其纳入国民经济和社会发展规划，**保障和促进妇女在各领域的全面发展。** 县级以上地方各级人民政府根据中国妇女发展纲要，制定**和组织实施**本行政区域的妇女发展规划，将其纳入国民经济和社会发展规划。 **县级以上人民政府应当将妇女权益保障所需经费列入本级预算。**	第三条 国务院制定中国妇女发展纲要，并将其纳入国民经济和社会发展规划。 县级以上地方各级人民政府根据中国妇女发展纲要，制定本行政区域的妇女发展规划，并将其纳入国民经济和社会发展计划。

1. 此次修订明确了政府不仅要制定妇女发展纲要，还要承担纲要的组织实施的职责，并且县级以上政府应当将妇女权益保障所需经费列入本级预算。

　　2. 各级人民政府将实施纲要所需工作经费纳入财政预算，实现妇女事业和经济社会同步发展。重点支持革命老区、民族地区、边疆地区、欠发达地区妇女发展，支持特殊困难妇女群体发展。动员社会力量，多渠道筹集资源，共同发展妇女事业。

第六条　【妇联等群团组织应做好维护妇女权益工作】

第六条　中华全国妇女联合会和地方各级妇女联合会依照法律和中华全国妇女联合会章程，代表和维护各族各界妇女的利益，做好维护妇女权益、**促进男女平等和妇女全面发展**的工作。 　　工会、共产主义青年团、**残疾人联合会等群团组织**应当在各自的工作范围内，做好维护妇女权益的工作。	**第七条**　中华全国妇女联合会和地方各级妇女联合会依照法律和中华全国妇女联合会章程，代表和维护各族各界妇女的利益，做好维护妇女权益的工作。 　　工会、共产主义青年团，应当在各自的工作范围内，做好维护妇女权益的工作。

　　1. 保障和维护妇女合法权益，需要全社会的共同参与，这其中群团组织在维护妇女合法权益上有着不可替代的作用。群团组织是党和政府联系人民群众的桥梁和纽带。为群众服务是群团组织的天职，维护群众合法权益是群团组织的重要工作。

　　2. 工会、共产主义青年团、残疾人联合会等群团组织，是联系包括广大妇女在内的工会会员、共青团员、残障人士等各类群众的纽带和桥梁，服务包括女工会会员、女共青团员、女残障人士在内的各类群众和维护包括女性在内的各类群众的合法权益是群团组织的重要工作。

第七条　【国家鼓励妇女维护合法权益】

第七条　国家鼓励妇女自尊、自信、自立、自强，运用法律维护自身合法权益。 　　妇女应当遵守国家法律，尊重社会公德、**职业道德和家庭美德**，履行法律所规定的义务。	第五条　国家鼓励妇女自尊、自信、自立、自强，运用法律维护自身合法权益。 　　妇女应当遵守国家法律，尊重社会公德，履行法律所规定的义务。

　　1. 自尊，就是尊重自己的人格，维护自己的尊严，反对自轻自贱；自信，就是相信自己的力量，坚定自己的信念，反对妄自菲薄；自立，就是树立独立意识，体现自己的社会价值，反对依附顺从；自强，就是顽强拼搏，奋发进取，反对自卑自弱。

　　2. 妇女在遵守国家法律的同时，还应该尊重社会公德、职业道德和家庭美德，发挥在社会生活和家庭生活中的独特作用，做对社会有责任、对家庭有贡献的新时代女性，自尊自信自立自强，以行动建功新时代，以奋斗创造美好生活。

第八条　【立法应当听取妇联意见，考虑妇女特殊权益】

第八条　有关机关制定或者修改涉及妇女权益的法律、法规、规章和其他规范性文件，应当听取妇女联合会的意见，充分考虑妇女的特殊权益，必要时开展男女平等评估。	第十条第二款　制定法律、法规、规章和公共政策，对涉及妇女权益的重大问题，应当听取妇女联合会的意见。

　　1. 2020年4月，国务院妇儿工委发布《关于建立健全法规政策性别平等评估机制的意见》，提出要"坚持全过程评估，将性别平等评估贯穿于法规、规章、政策制定、实施的全过程、各环节，注重在法规、规章、政策动议、起草、征求意见、审查等各个环节进行评估"。《中国妇女发展纲要（2021-2030年）》进一步明确"促进法规政策性别平等评估机制规范化建设和有效运行"，并提出要"加强法规政策性

别平等评估工作，健全国家、省（自治区、直辖市）、市（地、州、盟）法规政策性别平等评估机制和县（市、区、旗）政策性别平等评估机制，明确评估范围，规范评估流程，细化评估指标"。

2. 本次修订将男女平等评估的对象由法规规章提升扩展到法律，将地方层面的法规政策男女平等评估机制，上升为国家层面的法律政策男女平等评估机制。

第九条　【妇女发展状况统计调查制度】

第九条　国家建立健全妇女发展状况统计调查制度，完善性别统计监测指标体系，定期开展妇女发展状况和权益保障统计调查和分析，发布有关信息。	新增条文
妇女发展状况统计调查制度，是指国家、部门或者地方政府部门按照统计法的规定在全国、部门内部或者地区范围内针对妇女的发展情况、男女两性发展差异所独立开展的统计调查、统计分析，并按照规定将统计结果予以公布，为国家制定促进妇女发展、推动男女平等政策措施提供依据的规定。我国政府已经初步建立了妇女发展的综合统计制度，将其纳入国家、部门和地方政府常规统计，定期开展专项统计调查。	

第十条　【男女平等基本国策纳入国民教育体系】

第十条　国家将男女平等基本国策纳入国民教育体系，开展宣传教育，增强全社会的男女平等意识，培育尊重和关爱妇女的社会风尚。	新增条文

法律规定将男女平等基本国策纳入国民教育体系，就是要在包括义务教育、基础教育、高等教育、职业教育和成人教育在内的现代教育体系中纳入男女平等基本国策教育的内容，让男女平等基本国策核心要义根植于公众，特别是广大青少年的内心，通过教育来构建以男女平等为核心的先进性别文化。

第十一条 【表彰和奖励】

第十一条　**国家**对保障妇女合法权益成绩显著的组织和个人，**按照有关规定**给予表彰和奖励。	第八条　对保障妇女合法权益成绩显著的组织和个人，~~各级人民政府和有关部门~~给予表彰和奖励。

本法第十条以专门条款规定了对男女平等基本国策的宣传教育要求，而本条则进一步规定，对于保障妇女合法权益成绩显著的组织和个人，给予表彰和奖励，法律正面引导、鼓励从事妇女权益保障工作的单位和个人。

本条与本法第八十四条的处罚规定相结合，一奖一惩，起到较强的引导作用，有助于在全社会树立尊重妇女、维护妇女合法权益的道德风尚。

第二章　政治权利

第十二条　【保障妇女平等的政治权利】

第十二条　国家保障妇女享有与男子平等的政治权利。	第九条　国家保障妇女享有与男子平等的政治权利。
政治权利包括：（1）选举权和被选举权；（2）政治自由（言论、出版、集会、结社、游行、示威的自由）；（3）担任国家机关职务的权利；（4）担任国有公司、企业、事业单位和人民团体领导职务的权利。	

第十三条　【参与国家和社会管理，提出意见和建议权】

第十三条　妇女有权通过各种途径和形式，**依法参与管理国家事务、管理经济和文化事业、管理社会事务**。 　　妇女和妇女组织有权向各级国家机关提出妇女权益保障方面的意见和建议。	第十条　妇女有权通过各种途径和形式，管理国家事务，管理经济和文化事业，管理社会事务。 　　制定法律、法规、规章和公共政策，对涉及妇女权益的重大问题，应当听取妇女联合会的意见。（第二款移作新法第八条并作修改） 　　妇女和妇女组织有权向各级国家机关提出妇女权益保障方面的意见和建议。
本条第一款的规定是对《宪法》第二条第三款的具体化。《宪法》第二条第三款规定："人民依照法律规定，通过各种途径和形式，管理国家事务，管理经济和文化事业，管理社会事务。"我国妇女享有广泛的政治权利，其中最根本、最核心的是依法参与管理国家各项事务的权利。	

第十四条 【平等的选举权和被选举权】

第十四条　妇女享有与男子平等的选举权和被选举权。 全国人民代表大会和地方各级人民代表大会的代表中，应当**保证**有适当数量的妇女代表。国家采取措施，逐步提高全国人民代表大会和地方各级人民代表大会的妇女代表的比例。 居民委员会、村民委员会成员中，<u>应当保证有适当数量的妇女成员</u>。	第十一条　妇女享有与男子平等的选举权和被选举权。 全国人民代表大会和地方各级人民代表大会的代表中，应当有适当数量的妇女代表。国家采取措施，逐步提高全国人民代表大会和地方各级人民代表大会的妇女代表的比例。 居民委员会、村民委员会成员中，<u>妇女应当有适当的名额</u>。

"男女平等"不仅体现为形式上的平等，还意味着男女在实质上享有平等权。考虑到男女之间的现实差距，联合国《消除对妇女一切形式歧视公约》第四条允许采取旨在促进男女事实上平等的暂行特别措施。为了充分保证妇女进入决策领域，许多国家和地区加强了关于男女平等参政的立法规定，制定强制性妇女参政比例或者女性候选人比例，已经成为促进妇女参政的最主要的国际成功经验。

第十五条 【女干部的培养和选拔】

第十五条　国家积极培养和选拔女干部，<u>重视培养和选拔少数民族女干部</u>。 国家机关、<u>群团组织</u>、企业事业单位培养、选拔和任用干部，应当坚持男女平等的原则，并有适当数量的妇女担任领导成员。 妇女联合会及其团体会员，可以向国家机关、<u>群团组织</u>、企业事业单位推荐女干部。	第十二条　国家积极培养和选拔女干部。 国家机关、<u>社会团体</u>、企业事业单位培养、选拔和任用干部，必须坚持男女平等的原则，并有适当数量的妇女担任领导成员。 ~~国家~~重视培养和选拔少数民族女干部。 第十三条第二款　~~各级~~妇女联合会及其团体会员，可以向国家

17

国家采取措施支持女性人才成长。	机关、<u>社会团体</u>、企业事业单位推荐女干部。

国务院印发的《中国妇女发展纲要（2021—2030年）》提出国家积极培养和选拔女干部的策略措施：培养高素质专业化女干部；优化女干部成长路径，为女干部参加教育培训、交流任职、挂职锻炼创造条件和机会；注重从基层、生产一线培养选拔女干部，选拔女干部到重要部门、关键岗位担任领导职务；注重保持优秀年轻干部队伍中女干部的合理比例，落实女干部选拔配备的目标任务，在保证质量的前提下实现应配尽配；保障妇女在担任女干部的各环节不因性别受到歧视等。

第十六条 【妇联的职责】

第十六条　妇女联合会代表妇女积极参与国家和社会事务的**民主协商**、民主决策、民主管理和民主监督。	第十三条第一款　~~中华全国~~妇女联合会~~和地方各级妇女联合会~~代表妇女积极参与国家和社会事务的民主决策、民主管理和民主监督。

妇联组织在党领导下开展妇女维权工作的实践证明，妇联工作必须紧跟国家法治建设进程，必须针对妇女权益方面的重点难点问题，积极利用各种渠道和协商机制，代表妇女参与民主协商、民主决策、民主管理和民主监督，促进维权工作的法制化和规范化，才能使妇女的切身利益得到有力的制度保障。

第十七条 【对涉及妇女权益的批评建议、申诉、控告和检举的处理】

第十七条　对于有关妇女权益保障**工作**的批评或者合理**可行的**建议，有关部门应当听取和采纳；对于有关侵害妇女权益的申诉、控告和检举，有关部门**应当**查清事实，负责处理，任何组织和个人不得压制或者打击报复。	第十四条　对于有关保障妇女权益的批评或者合理建议，有关部门应当听取和采纳；对于有关侵害妇女权益的申诉、控告和检举，有关部门**必须**查清事实，负责处理，任何组织或者个人不得压制或者打击报复。

批评、建议权，是指公民以各种合法形式（来信来访、座谈研讨、新闻报刊、网络媒体等）对国家机关及其工作人员的工作进行监督，针对他们的缺点、错误提出批评或合理可行的建议的权利。

申诉权，是指公民的合法权益因行政机关或司法机关作出的错误的、违法的决定，或者因国家工作人员的违法失职行为而受到侵害时，有向有关机关申述理由、提请处理的权利。

控告、检举权，是指公民对国家机关及其工作人员的违法失职行为，有向有关机关进行揭发和指控，并请求依法处理的权利。

第三章　人身和人格权益

第十八条　【保障妇女平等的人身和人格权益】

第十八条　国家保障妇女享有与男子平等的人身和人格权益。	第三十六条　国家保障妇女享有与男子平等的人身权利。

本条包括以下内涵：（1）妇女具有完整的独立人格，系与男子平等的权益主体；（2）妇女作为权益主体享有与男子平等的人身和人格权益；（3）妇女享有的与男子平等的人身和人格权益受国家保障。

第十九条　【妇女人身自由不受侵犯】

第十九条　妇女的人身自由不受侵犯。禁止非法拘禁和以其他非法手段剥夺或者限制妇女的人身自由；禁止非法搜查妇女的身体。	第三十七条　妇女的人身自由不受侵犯。禁止非法拘禁和以其他非法手段剥夺或者限制妇女的人身自由；禁止非法搜查妇女的身体。

对妇女人身自由的保障包括三个方面：

第一，任何妇女，非经人民检察院批准、决定或者人民法院决定，并由公安机关执行，不受逮捕。

第二，对妇女人身自由的剥夺或限制必须依照法定条件和程序进行，既要符合实体法，又要符合程序法；不得以非法拘禁和以其他非法手段剥夺或限制妇女的人身自由。

第三，对妇女身体的搜查必须经过法定机关和程序，禁止非法搜查妇女的身体。

第二十条 【妇女人格尊严不受侵犯】

第二十条 妇女的人格尊严不受侵犯。禁止用侮辱、诽谤等方式损害妇女的人格尊严。	第四十二条第二款第一句 禁止用侮辱、诽谤等方式损害妇女的人格尊严。

所谓侮辱妇女，是指使用暴力或其他方法，公然贬低妇女人格、败坏妇女名誉的行为。所谓诽谤妇女，就是故意捏造并散布虚假事实和信息、贬损妇女人格、破坏妇女名誉的行为。

第二十一条 【妇女生命权、身体权、健康权不受侵犯】

第二十一条 妇女的生命权、身体权、健康权不受侵犯。禁止虐待、遗弃、残害、买卖以及其他侵害女性生命健康权益的行为。 禁止进行非医学需要的胎儿性别鉴定和选择性别的人工终止妊娠。 医疗机构施行生育手术、特殊检查或者特殊治疗时，应当征得妇女本人同意；在妇女与其家属或者关系人意见不一致时，应当尊重妇女本人意愿。	第二条第四款 禁止~~歧视~~、虐待、遗弃、残害~~妇女~~。 第三十八条 妇女的生命健康权不受侵犯。~~禁止溺、弃、残害女婴；禁止歧视、虐待生育女婴的妇女和不育的妇女；禁止用迷信、暴力等手段残害妇女；禁止虐待、遗弃病、残妇女和老年妇女。~~

第二款为新增款项，其立法依据为《禁止非医学需要的胎儿性别鉴定和选择性别人工终止妊娠的规定》。

第二十二条 【禁止拐卖、绑架妇女及发现报告和解救】

第二十二条 禁止拐卖、绑架妇女；禁止收买被拐卖、绑架的妇女；禁止阻碍解救被拐卖、绑架的妇女。	第三十九条 禁止拐卖、绑架妇女；禁止收买被拐卖、绑架的妇女；禁止阻碍解救被拐卖、绑架的妇女。

各级人民政府和公安、民政、<u>人力资源和社会保障</u>、卫生**健康**等部门及村民委员会、居民委员会按照**各自的**职责及时**发现报告**，**并**采取措施解救被拐卖、绑架的妇女，做好**被解救妇女的安置、救助和关爱等**工作。**妇女联合会协助和配合做好有关工作。任何<u>组织和个人</u>**不得歧视被拐卖、绑架的妇女。	各级人民政府和公安、民政、<u>劳动</u>和社会保障、卫生等部门按照其职责及时采取措施解救被拐卖、绑架的妇女，做好**善后**工作，妇女联合会协助和配合做好有关工作。任何<u>人</u>不得歧视被拐卖、绑架的妇女。

> 1. 我国《刑法》第二百三十九条、第二百四十条、第二百四十一条、第二百六十二条等针对上述情况，规定了严格的刑事责任，依法惩治拐卖妇女、儿童犯罪，切实保障妇女、儿童的合法权益，维护家庭和谐与社会稳定。
>
> 2. 本条明确了强制报告、排查及解救被拐卖、绑架的妇女的主体有各级人民政府和公安、民政、人力资源和社会保障、卫生健康等部门及村民委员会、居民委员会。

第二十三条　【禁止对妇女实施性骚扰】

第二十三条　禁止**违背妇女**意愿，以言语、文字、图像、肢体行为等方式对其实施性骚扰。 受害妇女**可以**向有关单位和<u>国家机关</u>投诉。**接到投诉的有关单位和国家机关应当及时处理，并书面告知处理结果。** **受害妇女可以向公安机关报案，也可以向人民法院提起民事诉讼，依法请求行为人承担民事责任。**	第四十条　禁止~~对妇女~~实施性骚扰。受害妇女<u>有权</u>向单位和<u>有关机关</u>投诉。

22

肢体行为性骚扰，属于比较常见的、最直接也最令人表现出强烈反感意愿的性骚扰行为方式，包括不必要地故意碰触、抚摸异性敏感部位等。言语性骚扰是生活中最常见的一种性骚扰方式，是指具有性含义、性暗示的言语表达，比如在工作场所、饭桌上开黄腔、讲黄笑话、用下流语言挑逗和暗示等即属此类。文字及图像性骚扰，即向妇女受害者展示传播不受欢迎的、具有侮辱性的、有关性的图片文字等。

第二十四条　【学校应建立预防和处置女学生受性侵害、性骚扰工作制度】

第二十四条　学校应当根据女学生的年龄阶段，进行生理卫生、心理健康和自我保护教育，在教育、管理、设施等方面采取措施，提高其防范性侵害、性骚扰的自我保护意识和能力，保障女学生的人身安全和身心健康发展。 　　学校应当建立有效预防和科学处置性侵害、性骚扰的工作制度。对性侵害、性骚扰女学生的违法犯罪行为，学校不得隐瞒，应当及时通知受害未成年女学生的父母或者其他监护人，向公安机关、教育行政部门报告，并配合相关部门依法处理。 　　对遭受性侵害、性骚扰的女学生，学校、公安机关、教育行政部门等相关单位和人员应当保护其隐私和个人信息，并提供必要的保护措施。	第十七条　学校应当根据女性青少年的特点，在教育、管理、设施等方面采取措施，保障女性青少年身心健康发展。

教育部印发的《生命安全与健康教育进中小学课程教材指南》明确将性侵害预防融入中小学课堂教材。指南要求学校依据不同年龄阶段学生的特点，进行生理卫生、心理健康和自我保护教育。比如在小学阶段初步学习青春期发育；初中阶段学习青春期保健的基本知识和技能，提高预防性骚扰与性侵害的能力；高中阶段则要深入了解婚姻和生育相关知识及法律法规，能够有效预防和应对性骚扰与性侵害。

第二十五条　【用人单位预防和制止对妇女性骚扰的措施】

第二十五条　用人单位应当采取下列措施预防和制止对妇女的性骚扰： 　　（一）制定禁止性骚扰的规章制度； 　　（二）明确负责机构或者人员； 　　（三）开展预防和制止性骚扰的教育培训活动； 　　（四）采取必要的安全保卫措施； 　　（五）设置投诉电话、信箱等，畅通投诉渠道； 　　（六）建立和完善调查处置程序，及时处置纠纷并保护当事人隐私和个人信息； 　　（七）支持、协助受害妇女依法维权，必要时为受害妇女提供心理疏导； 　　（八）其他合理的预防和制止性骚扰措施。	新增条文

1. 2022 年修订的《妇女权益保障法》根据校园性骚扰和职场性骚扰中学校和用人单位在防治性骚扰方面的不同特点，在第二十四条和本条中，对学校、用人单位防治性骚扰的措施分别作出具体规定，目的在于明确和强化各自不同的防治责任。

2. 关于性骚扰的投诉渠道构建，需要单位在规章制度里明确，包括具体负责接受投诉的机构或者人员、投诉的方式（电话、信箱、微信等），在单位的明显场所，以及在对员工进行培训和教育时公布和告知这些信息，保证员工知悉这些关于投诉渠道的信息。

第二十六条　【住宿经营者及时报告义务】

第二十六条　住宿经营者应当及时准确登记住宿人员信息，健全住宿服务规章制度，加强安全保障措施；发现可能侵害妇女权益的违法犯罪行为，应当及时向公安机关报告。	新增条文

1. 住宿经营者对住宿人员的人身财产安全负有安全保障的义务，其义务来源不仅有住宿经营者与住宿人员双方之间所形成的民事合同法律关系，还有相关法律法规的明确规定。如：关于旅馆接待旅客时的住宿登记义务，以及旅馆工作人员发现违法犯罪分子、行迹可疑的人员和被公安机关通缉的罪犯必须向当地公安机关报告等义务，《治安管理处罚法》第五十六条和《旅馆业治安管理办法》第六条、第九条均作了相应的规定。

2. 住宿经营者应当自觉承担起监督和报告的义务，当住宿经营者发现妇女的精神状态异常或者与其同行人员有可疑行为，可能会发生侵害妇女权益的情况时，应当及时上前询问并制止相关人员的行为，还应当及时向公安机关报告有关情况，防止妇女的人身权益遭受非法侵害。

第二十七条 【禁止卖淫、嫖娼】

第二十七条 禁止卖淫、嫖娼；禁止组织、强迫、引诱、容留、介绍妇女卖淫或者对妇女进行猥亵活动；**禁止组织、强迫、引诱、容留、介绍妇女在任何场所或者利用网络进行淫秽表演活动。**	第四十一条 禁止卖淫、嫖娼。 禁止组织、强迫、引诱、容留、介绍妇女卖淫或者对妇女进行猥亵活动。 禁止组织、强迫、引诱妇女进行淫秽表演活动。

由于网络犯罪具有传播速度快、传播范围广等特点，因而社会危害性巨大。犯罪分子通过网络视频聊天室、网络直播等方式使妇女进行淫秽表演活动，不仅危害妇女儿童的身心健康，而且，也严重扰乱了正常的网络秩序，造成不良的社会影响。因此，不仅要加强现实领域中对组织、强迫、引诱、容留、介绍妇女进行淫秽表演活动的监管，也要加强在网络领域对淫秽表演活动的防范。

第二十八条 【妇女人格权益受法律保护】

第二十八条 妇女的<u>姓名权、肖像权</u>、名誉权、荣誉权、隐私权<u>和个人信息</u>等人格<u>权益</u>受法律保护。 **媒体报道涉及妇女事件应当客观、适度，不得通过夸大事实、过度渲染等方式侵害妇女的人格权益。** 禁止通过大众传播媒介或者其他方式贬低损害妇女人格。未经本人同意，不得通过广告、商标、展览橱窗、报纸、期刊、图书、音像制品、电子出版物、网络等形式使用妇女肖像，**但法律另有规定的除外。**	第四十二条 妇女的名誉权、荣誉权、隐私权、<u>肖像权</u>等人格权受法律保护。 ~~禁止用侮辱、诽谤等方式损害妇女的人格尊严。~~禁止通过大众传播媒介或者其他方式贬低损害妇女人格。未经本人同意，~~不得以营利为目的，~~通过广告、商标、展览橱窗、报纸、期刊、图书、音像制品、电子出版物、网络等形式使用妇女肖像。

个人信息是以电子或者其他方式记录的能够单独或者与其他信息结合识别特定自然人的各种信息，包括姓名、出生日期、身份证件号码、生物识别信息、住址、电话号码、电子邮箱、健康信息、行踪信息等。

第二十九条 【人身安全保护令】

第二十九条 禁止以恋爱、交友为由或者在终止恋爱关系、离婚之后，纠缠、骚扰妇女，泄露、传播妇女隐私和个人信息。 妇女遭受上述侵害或者面临上述侵害现实危险的，可以向人民法院申请人身安全保护令。	新增条文

1. 这一条是关于赋权恋爱关系中的妇女以及"分手"后的妇女遭受缠扰侵害或者面临遭受缠扰侵害现实危险时可以申请人身安全保护令的规定。

2. 根据《反家庭暴力法》第二十九条的规定，法院作出的人身安全保护令可以包括以下措施：①禁止被申请人实施家庭暴力；②禁止被申请人骚扰、跟踪、接触申请人及其相关近亲属；③责令被申请人迁出申请人住所；④保护申请人人身安全的其他措施。

3. 根据《最高人民法院关于办理人身安全保护令案件适用法律若干问题的规定》第十条的规定，"保护申请人人身安全的其他措施"可以包括下列措施：①禁止被申请人以电话、短信、即时通讯工具、电子邮件等方式侮辱、诽谤、威胁申请人及其相关近亲属；②禁止被申请人在申请人及其相关近亲属的住所、学校、工作单位等经常出入场所的一定范围内从事可能影响申请人及其相关近亲属正常生活、学习、工作的活动。

4. 人身安全保护令是法院的裁定，具有法律效力。人身安全保护令由人民法院执行，公安机关以及居民委员会、村民委员会等协助执行。被申请人应当自觉履行人身安全保护令，被申请人违反保护令的，人民法院将视情况对其采取司法强制措施，包括罚款和司法拘留等。被申请人的行为违反《治安管理处罚法》的相关规定的，将由公安机关对其进行行政处罚。如果被申请人违反人身安全保护令，符合《刑法》第三百一十三条规定的，以拒不执行判决、裁定罪定罪处罚；同时构成其他犯罪的，依照刑法有关规定处理。

第三十条 【妇女健康服务体系】

第三十条　国家建立健全妇女健康服务体系，保障妇女享有基本医疗卫生服务，开展妇女常见病、多发病的预防、筛查和诊疗，提高妇女健康水平。 　　国家采取必要措施，开展经期、孕期、产期、哺乳期和更年期的健康知识普及、卫生保健和疾病防治，保障妇女特殊生理时期的健康需求，为有需要的妇女提供心理健康服务支持。	新增条文
依据《民法典》《基本医疗卫生与健康促进法》以及《健康中国2030 规划纲要》《中国妇女发展纲要（2021-2030）》的相关规定，增加国家保障妇女健康权益的规定。	

第三十一条 【妇幼保健和妇女卫生健康】

第三十一条　县级以上地方人民政府应当设立妇幼保健机构，为妇女提供保健以及常见病防治服务。 　　国家鼓励和支持社会力量通过依法捐赠、资助或者提供志愿	新增条文

服务等方式，参与妇女卫生健康事业，提供安全的生理健康用品或者服务，满足妇女多样化、差异化的健康需求。

用人单位应当定期为女职工安排妇科疾病、乳腺疾病检查以及妇女特殊需要的其他健康检查。

本条分别从县级以上地方人民政府、社会力量和用人单位三个主体方面规定了对妇女卫生健康事业的参与。

第三十二条 【生育权利与自由】

第三十二条 妇女依法享有生育子女的权利，也有不生育**子女**的自由。	第五十一条第一款 妇女有按照国家有关规定生育子女的权利，也有不生育的自由。

《最高人民法关于适用〈中华人民共和国民法典〉婚姻家庭编的解释》第二十三条规定，丈夫以妻子擅自中止妊娠侵犯其生育权为由请求损害赔偿的，人民法院不予支持。生育权作为法律赋予公民的基本权利，男女双方均各自享有。由于生理结构决定使然，孕育、生产、哺乳的任务更多地依托于女性来完成，故生育权的实现与女性的身体权、健康权密切相关。在夫妻双方各自享有的生育权发生冲突的情形下，应尊重女方对于生育的最终决定权，对男方生育权的保护不得以违背女方意愿为代价。故女方在未经男方同意的情形下中止妊娠，不构成对男方生育权的侵害，男方据此请求损害赔偿法院不予支持。

第三十三条 【妇女全生育周期系统保健制度】

第三十三条 国家实行婚前、孕前、孕产期和产后保健制度，逐步建立妇女全生育周期系统保健制度。医疗保健机构应当提供安全、有效的医疗保健服务，保	第五十一条第二款、第三款 ~~育龄夫妻双方按照国家有关规定计划生育，有关部门应当提供安全、有效的避孕药具和技术，保障实施节育手术的妇女的健康和~~

障妇女生育安全和健康。 　　有关部门应当提供安全、有效的避孕药具和技术，保障妇女的健康和安全。	~~安全。~~ 　　国家实行婚前~~保健~~、孕产期保健制度，<u>发展母婴保健事业</u>。<u>各级人民政府应当采取措施，保障妇女享有计划生育技术服务，提高妇女的生殖健康水平</u>。

　　该条规定内容扩展了妇女的孕产期保健制度涵盖范围，从婚前阶段覆盖到产后阶段，提供全方位、全周期的生育保障制度，同时也强调了医疗保健机构在保障妇女生育安全和健康方面的责任。

第三十四条　【规划、建设基础设施时应考虑妇女特殊需求】

第三十四条　各级人民政府在规划、建设基础设施时，应当考虑妇女的特殊需求，配备满足妇女需要的公共厕所和母婴室等公共设施。	新增条文

　　本条与《中国妇女发展纲要（2021—2030年）》中"稳步提高农村卫生厕所普及率，城镇公共厕所男女厕位比例标准化建设与实际需求相适应"等具体要求相对应，为纲要的具体落实提供保障。

第四章　文化教育权益

第三十五条　【保障妇女平等的文化教育权利】

第三十五条　国家保障妇女享有与男子平等的文化教育权利。	第十五条　国家保障妇女享有与男子平等的文化教育权利。
保障男女平等的文化教育权利，是遵从宪法赋予男女平等权利的必然要求。	

第三十六条　【保障适龄女性未成年人接受并完成义务教育】

| 第三十六条　父母或者其他监护人应当履行保障适龄女性未成年人接受并完成义务教育的义务。

对无正当理由不送适龄女性未成年人入学的父母或者其他监护人，由当地乡镇人民政府或者县级人民政府教育行政部门给予批评教育，依法责令其限期改正。居民委员会、村民委员会应当协助政府做好相关工作。

政府、学校应当采取有效措施，解决适龄女性未成年人就学存在的实际困难，并创造条件，保证适龄女性未成年人完成义务教育。 | 第十八条　父母或者其他监护人必须履行保障适龄女性儿童少年接受义务教育的义务。

除因疾病或者其他特殊情况经当地人民政府批准的以外，对不送适龄女性儿童少年入学的父母或者其他监护人，由当地人民政府予以批评教育，~~并采取有效措施，~~责令送适龄女性儿童少年入学。

政府、~~社会~~、学校应当采取有效措施，解决适龄女性儿童少年就学存在的实际困难，并创造条件，保证~~贫困、残疾和流动人口中的~~适龄女性儿童少年完成义务教育。 |
| 根据我国《义务教育法》的规定，我国实行九年义务教育制度。义务教育是国家统一实施的所有适龄未成年人必须接受的教育，是国家必须予以保障的公益性事业。凡年满六周岁的儿童，其父母或者其 | |

他法定监护人应当送其入学接受并完成义务教育；条件不具备的地区的儿童，可以推迟到七周岁。适龄儿童、少年因身体状况需要延缓入学或者休学的，其父母或者其他法定监护人应当提出申请，由当地乡镇人民政府或者县级人民政府教育行政部门批准。

第三十七条 【保障妇女平等享有接受教育的权利和机会】

第三十七条 学校和有关部门应当执行国家有关规定，保障妇女在入学、升学、授予学位、派出留学、**就业指导和服务**等方面享有与男子平等的权利。

学校在录取学生时，除**国家规定**的特殊专业外，不得以性别为由拒绝录取女性或者提高对女性的录取标准。

各级人民政府应当采取措施，保障女性平等享有接受中高等教育的权利和机会。

第十六条 学校和有关部门应当执行国家有关规定，保障妇女在入学、升学、~~毕业分配、~~授予学位、派出留学等方面享有与男子平等的权利。

学校在录取学生时，除特殊专业外，不得以性别为由拒绝录取女性或者提高对女性的录取标准。

本条旨在保障妇女平等获得教育的权利，预防和禁止在教育的任何环节和任何相关领域实施性别歧视。

第三十八条 【扫除妇女文盲、半文盲工作】

第三十八条 各级人民政府应当依照规定把扫除妇女中的文盲、半文盲工作，纳入扫盲和扫盲后继续教育规划，采取符合妇女特点的组织形式和工作方法，组织、监督有关部门具体实施。

第十九条 各级人民政府应当依照规定把扫除妇女中的文盲、半文盲工作，纳入扫盲和扫盲后继续教育规划，采取符合妇女特点的组织形式和工作方法，组织、监督有关部门具体实施。

本条旨在确保妇女获得最基本的教育权，扫除文盲和半文盲。

第三十九条 【为妇女终身学习创造条件】

第三十九条 国家健全全民终身学习体系，为妇女终身学习创造条件。 各级人民政府和有关部门应当采取措施，根据城镇和农村妇女的需要，组织妇女接受职业教育和实用技术培训。	第二十条 各级人民政府和有关部门应当采取措施，根据城镇和农村妇女的需要，组织妇女接受职业教育和实用技术培训。

本条旨在保障妇女的教育权、工作权和发展权。全民终身学习体系包括从幼儿教育到小学、初中、高中，一直到大学各个层次的教育体系，形式多样，包含正式、非正式和非正规教育，且面向儿童、青年以及成人。

第四十条 【保障妇女在文化活动中享有平等的权利】

第四十条 国家机关、社会团体和企业事业单位应当执行国家有关规定，保障妇女从事科学、技术、文学、艺术和其他文化活动，享有与男子平等的权利。	第二十一条 国家机关、社会团体和企业事业单位应当执行国家有关规定，保障妇女从事科学、技术、文学、艺术和其他文化活动，享有与男子平等的权利。

妇女有权利自由地按照妇女自身的意愿进行科学研究（包括自然科学与社会科学）、文学（如小说、诗歌、散文、戏剧等）、艺术（如音乐、舞蹈、美术、摄影、书法、雕刻、电影、电视等）创作和其他文化活动（包括教育、体育以及娱乐等）。同时，妇女享有平等地享受文化成果、开展文化创造和参与文化活动的权利，以及对进行文化创造所产生的精神或物质利益受保护的权利。

第五章　劳动和社会保障权益

第四十一条　【保障妇女平等的劳动权利和社会保障权利】

第四十一条　国家保障妇女享有与男子平等的劳动权利和社会保障权利。	第二十二条　国家保障妇女享有与男子平等的劳动权利和社会保障权利。
1. 妇女从事劳动既是行使法律赋予的权利，又是履行对国家和社会所承担的义务。 　　2. 我国的社会保障制度体系主要由社会保险、社会救济、社会福利、优抚安置、社会互助等构成。	

第四十二条　【政府和有关部门应防止和纠正就业性别歧视】

第四十二条　各级人民政府和有关部门应当完善就业保障政策措施，防止和纠正就业性别歧视，为妇女创造公平的就业创业环境，为就业困难的妇女提供必要的扶持和援助。	新增条文
就业困难的妇女主要指因身体状况、技能水平、家庭因素、失去土地等原因难以实现就业，以及连续失业一定时间仍未能实现就业的妇女。政府采取税费减免、贷款贴息、社会保险补贴、岗位补贴等办法，通过公益性岗位安置等途径，在政策、培训、服务、保障四个方面综合发力，对就业困难的妇女进行扶持和援助。	

第四十三条 【用人单位招录时不得实施性别歧视行为】

第四十三条 用人单位在招录（聘）过程中，除国家另有规定外，不得实施下列行为： （一）限定为男性或者规定男性优先； （二）除个人基本信息外，进一步询问或者调查女性求职者的婚育情况； （三）将妊娠测试作为入职体检项目； （四）将限制结婚、生育或者婚姻、生育状况作为录（聘）用条件； （五）其他以性别为由拒绝录（聘）用妇女或者差别化地提高对妇女录（聘）用标准的行为。	第二十三条第一款、第三款 ~~各单位在录用职工时，除不适合妇女的工种或者岗位外，不得以性别为由拒绝录用妇女或者提高对妇女的录用标准。~~ ~~禁止录用未满十六周岁的女性未成年人，国家另有规定的除外。~~

人力资源和社会保障部等九部门联合印发的《关于进一步规范招聘行为促进妇女就业的通知》（人社部发〔2019〕17号）强调，依法禁止招聘环节中的就业性别歧视，各类用人单位、人力资源服务机构在拟定招聘计划、发布招聘信息、招用人员过程中，不得询问妇女婚育情况，坚决禁止就业性别歧视行为。

第四十四条 【劳动合同应具备女职工特殊保护条款】

第四十四条 用人单位在录（聘）用女职工时，应当依法与其签订劳动（聘用）合同或者服务协议，劳动（聘用）合同或者服务协议中应当具备女职工特殊保护条款，并不得规定限制女职工结婚、生育等内容。	第二十三条第二款 各单位在录用女职工时，应当依法与其签订劳动（聘用）合同或者服务协议，劳动（聘用）合同或者服务协议中不得规定限制女职工结婚、生育的内容。

职工一方与用人单位订立的集体合同中应当包含男女平等和女职工权益保护相关内容，也可以就相关内容制定专章、附件或者单独订立女职工权益保护专项集体合同。	

在劳动（聘用）合同或者服务协议、集体合同或者专项集体合同中体现女职工特殊保护、不得限制女职工结婚或生育和男女平等内容，是女职工实现劳动权的重要保障。

第四十五条 【男女同工同酬】

第四十五条 实行男女同工同酬。妇女在享受福利待遇方面享有与男子平等的权利。	第二十四条 实行男女同工同酬。妇女在享受福利待遇方面享有与男子平等的权利。

《劳动法》作为保护劳动者权益的基准法，该法第四十六条规定，工资分配应当遵循按劳分配原则，实行同工同酬。保障妇女享有与男子平等的劳动报酬和福利待遇的权利，是我国《宪法》和《劳动法》中贯彻的"按劳分配原则"和"同工同酬原则"的具体体现。

第四十六条 【晋职、晋级等不得歧视妇女】

第四十六条 在晋职、晋级、评聘专业技术职称和职务、培训等方面，应当坚持男女平等的原则，不得歧视妇女。	第二十五条 在晋职、晋级、评定专业技术职务等方面，应当坚持男女平等的原则，不得歧视妇女。

在同等条件下，男女职工享有相同的晋升、晋级等待遇以及在职务任免、业务培训等方面享有相同的权利义务，实现男女平等，用人单位不得因为对女性的歧视而侵害女职工在晋职、晋级、评聘专业技术职称和职务、培训等方面权利。

第四十七条　【保护妇女工作和劳动时的安全、健康及休息的权利】

第四十七条　用人单位应当根据妇女的特点，依法保护妇女在工作和劳动时的安全、健康以及休息的权利。 妇女在经期、孕期、产期、哺乳期受特殊保护。	第二十六条　任何单位均应根据妇女的特点，依法保护妇女在工作和劳动时的安全和健康，~~不得安排不适合妇女从事的工作和劳动~~。 妇女在经期、孕期、产期、哺乳期受特殊保护。

根据现行《劳动法》的规定，国家对女职工实行特殊劳动保护。禁止安排女职工从事矿山井下、国家规定的第四级体力劳动强度的劳动和其他禁忌从事的劳动；对怀孕七个月以上的女职工，不得安排其延长工作时间和夜班劳动；不得安排女职工在经期从事高处、低温、冷水作业和国家规定的第三级体力劳动强度的劳动；不得安排女职工在哺乳未满一周岁的婴儿期间从事国家规定的第三级体力劳动强度的劳动和哺乳期禁忌从事的其他劳动，不得安排其延长工作时间和夜班劳动。

第四十八条　【用人单位用工中不得侵害女职工法定权益】

第四十八条　用人单位不得因结婚、怀孕、产假、哺乳等情形，降低女职工的工资和福利待遇，限制女职工晋职、晋级、评聘专业技术职称和职务，辞退女职工，单方解除劳动（聘用）合同或者服务协议。 女职工在怀孕以及依法享受产假期间，劳动（聘用）合同或者服务协议期满的，劳动（聘用）合同或者服务协议期限自动延续	第二十七条　任何单位不得因结婚、怀孕、产假、哺乳等情形，降低女职工的工资，辞退女职工，单方解除劳动（聘用）合同或者服务协议。但是，女职工要求终止劳动（聘用）合同或者服务协议的除外。 各单位在执行国家退休制度时，不得以性别为由歧视妇女。

37

<table>
<tr>
<td>

至产假结束。但是，用人单位依法解除、终止劳动（聘用）合同、服务协议，或者女职工依法要求解除、终止劳动（聘用）合同、服务协议的除外。

用人单位在执行国家退休制度时，不得以性别为由歧视妇女。

</td>
<td></td>
</tr>
</table>

　　本法不仅与《劳动合同法》相衔接，也与《民法典》等其他法律相衔接。如果女职工与用人单位建立的是劳动关系，签订劳动合同，在哺乳期遇到劳动合同终止时，当然适用《劳动合同法》的保护，劳动合同要依法顺延到哺乳期结束。如果女职工与用人单位建立的是劳务关系，签订聘用合同或者服务协议，在哺乳期遇到合同和服务协议终止时产生的争议，应适用《民法典》的相关规定，并不当然顺延至哺乳期终止。

第四十九条　【性别歧视行为纳入劳动保障监察】

<table>
<tr>
<td>

　　第四十九条　人力资源和社会保障部门应当将招聘、录取、晋职、晋级、评聘专业技术职称和职务、培训、辞退等过程中的性别歧视行为纳入劳动保障监察范围。

</td>
<td>

新增条文

</td>
</tr>
</table>

　　新增本条，将用人单位在招聘、录用等过程中可能存在的性别歧视行为全流程纳入劳动监察范围。

第五十条　【妇女权益社会保障】

<table>
<tr>
<td>

　　第五十条　国家发展社会保障事业，保障妇女享有社会保险、社会救助和社会福利等权益。

</td>
<td>

　　第二十八条　国家发展社会保险、社会救助、社会福利和医疗卫生事业，保障妇女享有社会

</td>
</tr>
</table>

	保险、社会救助、社会福利<del>和卫生保健</del>等权益。
国家提倡和鼓励为帮助妇女而开展的社会公益活动。	国家提倡和鼓励为帮助妇女开展的社会公益活动。

> 本条款是宣示性条款，旨在彰显国家对妇女进行社会保障，并提倡和鼓励为帮助妇女而开展的社会公益活动，体现本法保障妇女权益的立法目的。具体的社会保障适用的法律规定，要参照《社会保险法》等其他社会保障法律法规。

第五十一条 【生育保险制度和职工生育休假制度】

第五十一条　国家实行生育保险制度，建立健全**婴幼儿托育服务等**与生育相关的其他保障制度。 **国家建立健全职工生育休假制度，保障孕产期女职工依法享有休息休假权益。** 地方各级人民政府和有关部门应当按照国家有关规定，为**符合条件的**困难妇女提供必要的生育救助。	第二十九条　国家推行生育保险制度，建立健全与生育相关的其他保障制度。 地方各级人民政府和有关部门应当按照有关规定为贫困妇女提供必要的生育救助。

> 本条款是宣示性条款，旨在彰显国家实施生育保险制度，并建立健全婴幼儿托育服务等与生育相关的其他保障制度，要求地方各级人民政府和有关部门应当按照国家有关规定，为符合条件的困难妇女提供必要的生育救助。具体的生育保险制度适用法律规定，要参照《社会保险法》及其他相关法律法规。

第五十二条 【加强困难妇女的权益保障】

| 第五十二条　各级人民政府和有关部门应当采取必要措施,加强贫困妇女、老龄妇女、残疾妇女等困难妇女的权益保障,按照有关规定为其提供生活帮扶、就业创业支持等关爱服务。 | 新增条文 |

本条是宣示性条款,赋予各级政府对困难妇女进行社会救助和关爱的法律义务。本条应与《社会救助法》《城市居民最低生活保障条例》《国务院关于在全国建立农村最低生活保障制度的通知》结合发挥作用。

第六章　财产权益

第五十三条　【保障妇女平等的财产权利】

第五十三条　国家保障妇女享有与男子平等的财产权利。	第三十条　国家保障妇女享有与男子平等的财产权利。

男女平等不仅指男性与女性的人身权利、政治权利平等，也包括财产权利平等。财产权利能够为妇女的个体发展提供经济基础。

第五十四条　【不得侵害妇女共同、共有财产权益】

第五十四条　在夫妻共同财产、家庭共有财产关系中，不得侵害妇女依法享有的权益。	第三十一条　在婚姻、家庭共有财产关系中，不得侵害妇女依法享有的权益。

本条根据《民法典》修改相关表述。

第五十五条　【妇女平等享有农村集体经济中的各项权益】

第五十五条　妇女在农村集体经济组织成员身份确认、土地承包经营、集体经济组织收益分配、土地征收补偿安置或者征用补偿以及宅基地使用等方面，享有与男子平等的权利。 申请农村土地承包经营权、宅基地使用权等不动产登记，应当在不动产登记簿和权属证书上将享有权利的妇女等家庭成员全部列明。征收补偿安置或者征用补	第三十二条　妇女在农村土地承包经营、集体经济组织收益分配、土地征收或者征用补偿费使用以及宅基地使用等方面，享有与男子平等的权利。

偿协议应当将享有相关权益的妇女列入,并记载权益内容。

妇女在农村集体经济组织成员身份确认方面享有与男子平等的权利,指妇女与男子在农村集体经济组织成员身份确认标准方面的实质性的平等。具体而言,同属于户籍所在地、本集体经济组织内成员子女的情况、婚后共同生活地、实际生产生活所在地以及结婚、未婚、离婚、丧偶、户无男性等任何情况下不因性别不同而区别对待。

第五十六条 【不得侵害妇女在农村集体经济中的各项权益】

第五十六条 村民自治章程、村规民约,村民会议、村民代表会议的决定以及其他涉及村民利益事项的决定,不得以妇女未婚、结婚、离婚、丧偶、**户无男性**等为由,侵害妇女在农村集体经济组织中的各项权益。 因结婚男方到女方住所落户的,男方和子女享有与所在地农村集体经济组织成员平等的权益。	第三十三条 ~~任何组织和个人~~不得以妇女未婚、结婚、离婚、丧偶等为由,侵害妇女在农村集体经济组织中的各项权益。 因结婚男方到女方住所落户的,男方和子女享有与所在地农村集体经济组织成员平等的权益。

村民自治章程、村规民约,村民会议、村民代表会议的决定以及其他涉及村民利益事项的决定,是指村关于村民在生产、生活中以自治的方式形成的具有普遍约束力的规范性文件。

第五十七条 【保护妇女在城镇集体所有财产关系中的权益】

第五十七条 国家保护妇女在城镇集体所有财产关系中的权益。妇女依照法律、法规的规定享有相关权益。	新增条文

本条是 2022 年《妇女权益保障法》修订新增加的条款，改变了本法之前仅专门规定农村集体经济组织中妇女权益的情况。

第五十八条　【平等的继承权】

第五十八条　妇女享有与男子平等的继承权。**妇女依法行使继承权，不受歧视。** 丧偶妇女有权**依法**处分继承的财产，**任何**组织和<u>个人</u>不得干涉。	第三十四条　妇女享有的与男子平等的~~财产~~继承权<u>受法律保护</u>。~~在同一顺序法定继承人中，不得歧视妇女。~~ 丧偶妇女有权处分继承的财产，**任何**人不得干涉。

《民法典》第一千一百二十六条规定，继承权男女平等。第一千一百二十七条规定，遗产继承的第一顺序包括配偶、子女、父母；第二顺序包括兄弟姐妹、祖父母、外祖父母。第一千一百三十条第一款规定，同一顺序继承人继承遗产的一般原则是份额均等。也就是说，当妇女以配偶、女儿、母亲的身份参与法定继承时，一般应与其他第一顺序继承人均等分配遗产；当妇女以姐姐、妹妹、祖母、外祖母身份参与法定继承时，一般应与其他第二顺序继承人均等分配遗产。当然，均等分配法定继承是一般原则，在某些情况下也可以不均等分配。例如，对被继承人尽了主要扶养义务或者与被继承人共同生活的继承人，可以多分遗产；而有扶养能力和条件的继承人不尽扶养义务的，分配遗产时应当不分或少分。但任何情况下，都不能以被继承人是妇女或已经外嫁等为理由不分或少分遗产。

第五十九条　【对公婆尽了赡养义务丧偶儿媳的继承权】

第五十九条　丧偶**儿**媳对公婆尽了主要赡养义务的，作为第一顺序继承人，其继承权不受子女代位继承的影响。	第三十五条　丧偶**妇女**对公~~婆的~~婆尽了主要赡养义务的，作为~~公婆的~~第一顺序~~法定~~继承人，其继承权不受子女代位继承的影响。

《民法典》第一千一百二十九条规定，丧偶儿媳对公婆，丧偶女婿对岳父母，尽了主要赡养义务的，作为第一顺序继承人。《最高人民法院关于适用〈中华人民共和国民法典〉继承编的解释（一）》第十八条规定，丧偶儿媳对公婆、丧偶女婿对岳父母，无论其是否再婚，依照民法典第一千一百二十九条规定作为第一顺序继承人时，不影响其子女代位继承。本条调整后的表述与上述规定更为匹配。

第七章　婚姻家庭权益

第六十条　【保障妇女平等的婚姻家庭权利】

第六十条　国家保障妇女享有与男子平等的婚姻家庭权利。	第四十三条　国家保障妇女享有与男子平等的婚姻家庭权利。
本条规定是男女平等宪法原则和基本国策在婚姻家庭生活领域的具体化。男女两性在婚姻关系、家庭生活中享有平等的权利，承担平等的义务。	

第六十一条　【保护妇女的婚姻自主权】

第六十一条　国家保护妇女的婚姻自主权。禁止干涉妇女的结婚、离婚自由。	第四十四条　国家保护妇女的婚姻自主权。禁止干涉妇女的结婚、离婚自由。
结婚自由与离婚自由共同构成婚姻自由的完整内涵。结婚自由是婚姻自由的主要方面，离婚自由是婚姻自由不可缺少的重要内容，没有离婚自由就没有真正的婚姻自由，二者的关系是相辅相成，互为补充的。	

第六十二条　【鼓励婚前检查】

第六十二条　国家鼓励男女双方在结婚登记前，共同进行医学检查或者相关健康体检。	新增条文
根据《母婴保健法》和《婚前保健工作规范》，婚前医学检查的主要疾病包括：严重遗传性疾病（如白化病、原发性癫痫、软骨发育不良、强直性肌营养不良、遗传性视网膜色素变性等）、指定传染病（如艾滋病、淋病、梅毒等）、有关的精神病（如精神分裂症、躁狂抑	

郁型精神病等）以及其他影响婚育的严重疾病（如重要脏器疾病和生殖系统疾病等）。经过婚前医学检查，医疗保健机构应当向接受婚前医学检查的当事人出具《婚前医学检查证明》，"医学建议"包括"未发现医学上不宜结婚的情形""建议不宜结婚""建议不宜生育""建议暂缓结婚""建议采取医学措施，尊重受检者意愿"等，在出具任何一种医学意见时，婚检医师应当向当事人说明情况，并进行指导。

第六十三条 【婚姻家庭辅导服务】

第六十三条 婚姻登记机关应当提供婚姻家庭辅导服务，引导当事人建立平等、和睦、文明的婚姻家庭关系。	新增条文

1. 婚姻家庭辅导服务制度是离婚冷静期的配套制度措施。
2. 根据民政部《婚姻登记工作规范》的规定，婚姻登记处通过政府购买服务或公开招募志愿者等方式聘用婚姻家庭辅导员。从事婚姻家庭辅导服务的人员需具备社会工作师、心理咨询师、律师等相应的专业资格。在实际工作中，婚姻登记机构往往在婚姻家庭纠纷人民调解员、人民陪审员、律师、婚姻家庭指导师、心理咨询师、社会工作者等具备婚姻家庭经验、社会生活阅历、热心公益服务的人员中选任婚姻家庭辅导员，开展婚姻家庭辅导教育和婚姻家庭辅导服务。

第六十四条 【男方不得提出离婚的情形】

第六十四条 女方在怀孕期间、分娩后一年内或者终止妊娠后六个月内，男方不得提出离婚；但是，女方提出离婚或者人民法院认为确有必要受理男方离婚请求的除外。	第四十五条 女方在怀孕期间、分娩后一年内或者终止妊娠后六个月内，男方不得提出离婚。女方提出离婚的，或者人民法院认为确有必要受理男方离婚请求的，不在此限。

"怀孕期间"，包括自然受孕和人工受孕；"分娩"包括自然分娩和剖宫产，"终止妊娠"包括自然终止和人工终止。

第六十五条 【禁止对妇女实施家庭暴力】

第六十五条 禁止对妇女实施家庭暴力。

县级以上人民政府有关部门、司法机关、社会团体、企业事业单位、基层群众性自治组织以及其他组织，应当在各自的职责范围内预防和制止家庭暴力，依法为受害妇女提供救助。

第四十六条 禁止对妇女实施家庭暴力。

~~国家采取措施，预防和制止家庭暴力。~~

公安、民政、司法行政等部门以及城乡基层群众性自治组织、社会团体，应当在各自的职责范围内预防和制止家庭暴力，依法为受害妇女提供救助。

1. 家庭暴力，是指家庭成员之间以殴打、捆绑、残害、限制人身自由以及经常性谩骂、恐吓等方式实施的身体、精神等侵害行为。
2. 救助措施包括强制报告、颁发人身安全保护令、出具公安告诫书、临时庇护、法律援助、经济救助等。

第六十六条 【妇女平等享有占有、使用、收益和处分夫妻共同财产的权利】

第六十六条 妇女对夫妻共同财产享有与其配偶平等的占有、使用、收益和处分的权利，不受双方收入状况等情形的影响。

对夫妻共同所有的不动产以及可以联名登记的动产，女方有权要求在权属证书上记载其姓名；认为记载的权利人、标的物、权利比例等事项有错误的，有权依法申请更正登记或者异议登记，有关机构应当按照其申请依法办理相应登记手续。

第四十七条第一款 妇女对~~依照法律规定的~~夫妻共同财产享有与其配偶平等的占有、使用、收益和处分的权利，不受双方收入状况的影响。

此次修订顺应了当前社会环境下男女双方对财产安排的实践情况，确定了妇女对夫妻共同财产的权利，强调了妇女不因收入状况而受到区别对待，同时对于司法实践中的共同购房行为，强调妇女在权属证书上有加上自己名字的权利。

第六十七条　【离婚诉讼期间夫妻共同财产查明与保护】

第六十七条　离婚诉讼期间，夫妻一方申请查询登记在对方名下财产状况且确因客观原因不能自行收集的，人民法院应当进行调查取证，有关部门和单位应当予以协助。 　　离婚诉讼期间，夫妻双方均有向人民法院申报全部夫妻共同财产的义务。一方隐藏、转移、变卖、损毁、挥霍夫妻共同财产，或者伪造夫妻共同债务企图侵占另一方财产的，在离婚分割夫妻共同财产时，对该方可以少分或者不分财产。	新增条文

　　针对离婚诉讼中当事人对登记在对方名下的财产举证难的问题，基于《民事诉讼法》和《最高人民法院关于民事诉讼证据的若干规定》赋予当事人的有关诉讼权利，规定夫妻一方确因客观原因不能自行收集的，人民法院应当进行调查取证，有关部门和单位应当予以协助，这对于破解实践中银行、不动产登记部门等以内部规定拒绝夫妻一方查询另一方名下财产，以致其举证不能的难题具有现实意义。

第六十八条　【夫妻共担家庭义务与家务补偿制度】

第六十八条　夫妻双方应当共同负担家庭义务，共同照顾家庭生活。 女方因抚育子女、照料老人、协助男方工作等**负担**较多义务的，有权在离婚时要求男方予以补偿。**补偿办法由双方协议确定；协议不成的，可以向人民法院提起诉讼。**	第四十七条第二款　~~夫妻书面约定婚姻关系存续期间所得的财产归各自所有，~~女方因抚育子女、照料老人、协助男方工作等承担较多义务的，有权在离婚时要求男方予以补偿。

本条扩大了家务补偿制度的适用范围，不再以"夫妻书面约定婚姻关系存续期间所得的财产归各自所有"为前提。也就是说，夫妻双方无论是实行法定财产制还是约定财产制，也无论双方婚姻关系存续期间的财产是归各自所有还是归夫妻双方共同所有，只要女方符合"因抚育子女、照料老人、协助男方工作等负担较多义务"这一条件，均可在离婚时向男方请求家务补偿。

第六十九条　【夫妻共有房屋的离婚分割】

第六十九条　离婚时，分割<u>夫妻共有的房屋或者处理夫妻共同租住的房屋，</u>由双方协议解决；协议不成的，**可以向人民法院提起诉讼。**	第四十八条　~~夫妻共有的房屋，~~离婚时，分割**住房**由双方协议解决；协议不成的，~~由人民法院根据双方的具体情况，按照照顾子女和女方权益的原则判决。夫妻双方另有约定的除外。~~ ~~夫妻共同租用的房屋，离婚时，女方的住房应当按照照顾子女和女方权益的原则解决。~~

《最高人民法院关于适用〈中华人民共和国民法典〉婚姻家庭编的解释（一）》第七十六条至第七十九条针对房产分割作出了具体规定，在对夫妻共有的房屋或者夫妻共同租住房屋进行离婚分割和处理

时，应当秉承照顾子女、女方和无过错方权益的原则，结合各种复杂情况综合考虑，根据具体情况解决。

第七十条　【母亲的监护权不受非法干涉】

第七十条　父母双方对未成年子女享有平等的监护权。 　　父亲死亡、**无监护能力**或者有其他情形不能担任未成年子女的监护人的，母亲的监护权任何**组织和个人**不得干涉。	第四十九条　父母双方对未成年子女享有平等的监护权。 　　父亲死亡、~~丧失行为能力~~或者有其他情形不能担任未成年子女的监护人的，母亲的监护权任何人不得干涉。

父母双方对未成年子女享有平等的监护权。但是在实践中，父亲死亡、无监护能力或者有其他情形不能担任未成年子女的监护人时，父亲一方的家人，例如爷爷奶奶，受传统观念的影响，通常要求由未成年子女父亲一方的家人进行监护，这是对母亲监护权的干涉。除此之外，为了防止其他组织借各种名义干涉母亲的监护权，本法也将干涉主体由"个人"扩大到了"个人和组织"。

第七十一条　【丧失生育能力妇女对子女的优先抚养要求】

第七十一条　女方丧失生育能力的，**在离婚**处理子女抚养问题**时**，应当在**最有利于未成年子女**的条件下，优先考虑女方的抚养要求。	第五十条　~~离婚时，~~女方~~因实施绝育手术或者其他原因~~丧失生育能力的，处理子女抚养问题，应在有利子女~~权益~~的条件下，照顾女方的合理要求。

《最高人民法院关于适用〈中华人民共和国民法典〉婚姻家庭编的解释（一）》第四十四至第四十八条，对于离婚时未成年人直接抚养权的归属，作出了更为详细的规定。

第八章　救济措施

第七十二条　【常规救济途径】

第七十二条　对侵害妇女合法权益的行为，任何组织和个人都有权予以劝阻、制止或者向有关部门提出控告或者检举。有关部门接到控告或者检举后，应当依法及时处理，并为控告人、检举人保密。 妇女的合法权益受到侵害的，有权要求有关部门依法处理，或者依法申请调解、仲裁，或者向人民法院起诉。 对符合条件的妇女，当地法律援助机构或者司法机关应当给予帮助，依法为其提供法律援助或者司法救助。	第五十二条　妇女的合法权益受到侵害的，有权要求有关部门依法处理，或者依法向仲裁机构申请仲裁，或者向人民法院起诉。 对有经济困难需要法律援助或者司法救助的妇女，当地法律援助机构或者人民法院应当给予帮助，依法为其提供法律援助或者司法救助。

依据《法律援助法》《人民检察院国家司法救助工作细则（试行）》《最高人民法院关于加强和规范人民法院国家司法救助工作的意见》等，当事人具有可申请法律援助或司法救助情形的，当地法律援助机构或者司法机关应当给予帮助，依法为其提供法律援助或者司法救助。

第七十三条　【妇联的支持与帮助】

第七十三条　妇女的合法权益受到侵害的，可以向妇女联合会等妇女组织求助。妇女联合会等	第五十三条　妇女的合法权益受到侵害的，可以向妇女组织投诉，妇女组织应当维护被侵害妇

51

妇女组织应当维护被侵害妇女的合法权益，有权要求并协助有关部门或者单位查处。有关部门或者单位应当依法查处，并予以答复；不予处理或者处理不当的，县级以上人民政府负责妇女儿童工作的机构、妇女联合会可以向其提出督促处理意见，必要时可以提请同级人民政府开展督查。 　　受害妇女进行诉讼需要帮助的，妇女联合会应当给予支持和帮助。	女的合法权益，有权要求并协助有关部门或者单位查处。有关部门或者单位应当依法查处，并予以答复。 　　第五十四条　妇女组织对于受害妇女进行诉讼需要帮助的，应当给予支持。 　　~~妇女联合会或者相关妇女组织对侵害特定妇女群体利益的行为，可以通过大众传播媒介揭露、批评，并有权要求有关部门依法查处。~~

　　本条明确规定了各级妇儿工委提出督促处理意见书和提请同级人民政府开展督查的工作机制，将在各级妇儿工委执行督导检查制度的过程中，成为妇儿工委进一步发挥议事协调作用，协助有关部门解决妇女儿童发展中突出问题的现实抓手。具体来说，有关部门或者单位应当依法查处侵害妇女权益的行为及事件，不予处理或者处理不当的，各级妇儿工委可以向其提出督促处理意见，必要时可以提请同级人民政府开展督查。

第七十四条　【对用人单位侵害妇女权益的联合约谈机制】

第七十四条　用人单位侵害妇女劳动和社会保障权益的，人力资源和社会保障部门可以联合工会、妇女联合会约谈用人单位，依法进行监督并要求其限期纠正。	新增条文

　　在救济措施体系中增设约谈机制，是本次修法的重大进步和修法亮点。本条规定了约谈制度的基本内容：约谈启动条件为"用人单位侵害妇女劳动和社会保障权益"，约谈的主体为人力资源和社会保障部门，工会及妇女联合会可以作为联合主体与人力资源和社会保障部门

进行联合约谈；约谈对象为"用人单位"，通常是用人单位的主要负责人。约谈机制主要功能和目的在于促进妇女公平就业，监督、纠正用人单位就业歧视等侵害妇女劳动和社会保障权益的违法行为。

第七十五条　【妇女在农村集体经济组织中权益的保护】

第七十五条　妇女在农村集体经济组织成员身份确认等方面权益受到侵害的，可以申请乡镇人民政府等进行协调，或者向人民法院起诉。

乡镇人民政府应当对村民自治章程、村规民约，村民会议、村民代表会议的决定以及其他涉及村民利益事项的决定进行指导，对其中违反法律、法规和国家政策规定，侵害妇女合法权益的内容责令改正；受侵害妇女向农村土地承包仲裁机构申请仲裁或者向人民法院起诉的，农村土地承包仲裁机构或者人民法院应当依法受理。

第五十五条　~~违反本法规定，以妇女未婚、结婚、离婚、丧偶等为由，侵害妇女在农村集体经济组织中的各项权益的，或者因结婚男方到女方住所落户，侵害男方和子女享有与所在地农村集体经济组织成员平等权益的，由乡镇人民政府依法调解；受害人也可以依法向农村土地承包仲裁机构申请仲裁，或者向人民法院起诉，人民法院应当依法受理。~~

本条与第五十五条、第五十六条、第七十二条及《民法典》《农村土地承包法》《农村土地承包经营纠纷调解仲裁法》等法律和司法解释相互衔接，共同保障妇女在农村集体经济组织成员身份确认等方面的权益。

第七十六条 【妇女权益保护服务热线】

第七十六条　县级以上人民政府应当开通全国统一的妇女权益保护服务热线，及时受理、移送有关侵害妇女合法权益的投诉、举报；有关部门或者单位接到投诉、举报后，应当及时予以处置。 　　鼓励和支持群团组织、企业事业单位、社会组织和个人参与建设妇女权益保护服务热线，提供妇女权益保护方面的咨询、帮助。	新增条文

作为妇女权益保障救济的重要举措，亦为本次修法的亮点。2005年全国妇联开通了全国统一规范的妇女维权热线"12338"，作为妇女维权公益服务热线，主要为妇女儿童提供法律、婚姻、家庭、心理、教育方面的咨询，并受理妇女儿童侵权案件的投诉、举报。

第七十七条 【检察机关检察建议和提起公益诉讼】

第七十七条　侵害妇女合法权益，导致社会公共利益受损的，检察机关可以发出检察建议；有下列情形之一的，检察机关可以依法提起公益诉讼： 　　（一）确认农村妇女集体经济组织成员身份时侵害妇女权益或者侵害妇女享有的农村土地承包和集体收益、土地征收征用补偿分配权益和宅基地使用权益； 　　（二）侵害妇女平等就业权益；	新增条文

（三）相关单位未采取合理措施预防和制止性骚扰； （四）通过大众传播媒介或者其他方式贬低损害妇女人格； （五）其他严重侵害妇女权益的情形。	

1. 2020年1月，最高人民检察院联合全国妇联印发《关于建立共同推动保护妇女儿童权益工作合作机制的通知》，建立维护妇女权益检察公益诉讼制度。

2. 从条文列举的五项情形看，前四项分别为妇女财产权益、劳动和社会保障权益、人身和人格权益遭受侵害的情形，第五项"其他严重侵害妇女权益的行为"为兜底条款。通过条文可知，检察机关发出检察建议或者提起公益诉讼的实体要件为：第一，该条列明的任一情形存在；第二，上述情形严重侵害众多妇女权益；第三，上述侵害妇女权益的行为导致社会公共利益受损。

第七十八条　【有关单位支持受侵害的妇女起诉】

第七十八条　国家机关、社会团体、企业事业单位对侵害妇女权益的行为，可以支持受侵害的妇女向人民法院起诉。	新增条文

支持起诉作为民事诉讼的基本原则，被规定在《民事诉讼法》第十五条。本次《妇女权益保障法》修订新增"支持起诉"条款，既是对妇女权益保障救济体系的完善，又突出了实体法与程序法的有机衔接。

第九章 法律责任

第七十九条 【发现妇女被拐卖、绑架未履行报告义务的责任】

第七十九条 违反本法第二十二条第二款规定，未履行报告义务的，依法对直接负责的主管人员和其他直接责任人员给予处分。	新增条文

第二十二条第二款新增了发现报告义务，本条相应增加未履行发现报告义务的法律责任。

第八十条 【学校、用人单位未采取措施预防和制止对妇女实施性骚扰的责任】

第八十条 违反本法规定，对妇女实施性骚扰的，由公安机关给予批评教育或者出具告诫书，并由所在单位依法给予处分。 学校、用人单位违反本法规定，未采取必要措施预防和制止性骚扰，造成妇女权益受到侵害或者社会影响恶劣的，由上级机关或者主管部门责令改正；拒不改正或者情节严重的，依法对直接负责的主管人员和其他直接责任人员给予处分。	第五十八条 违反本法规定，对妇女实施性骚扰~~或者家庭暴力，构成违反治安管理行为的，受害人可以提请公安机关对违法行为人依法给予行政处罚，也可以依法向人民法院提起民事诉讼~~。

本条规定了违反本法第二十五条、第二十六条和第二十七条的责任。

第八十一条 【住宿经营者发现侵害妇女权益违法犯罪未履行报告义务的责任】

第八十一条　违反本法第二十六条规定，未履行报告等义务的，依法给予警告、责令停业整顿或者吊销营业执照、吊销相关许可证，并处一万元以上五万元以下罚款。	新增条文

2022年新修订的《妇女权益保障法》在第二十六条规定了住宿经营者在发现可能侵害妇女权益时的报告义务。这项义务的规定，有利于督促住宿经营者及时向公安机关报告相关案件线索。

第八十二条 【通过大众传播媒介等方式贬低损害妇女人格的责任】

第八十二条　违反本法规定，通过大众传播媒介或者其他方式贬低损害妇女人格的，由**公安、网信、文化旅游、广播电视**、新闻出版或者其他有关部门依据各自的职权责令改正，并依法给予行政处罚。	第五十九条　违反本法规定，通过大众传播媒介或者其他方式贬低损害妇女人格的，由**文化、广播电视、电影**、新闻出版或者其他有关部门依据各自的职权责令改正，并依法给予行政处罚。

网络在给人们带来方便的社交方式、便捷的检索途径、丰富的信息来源的同时，也成为违法犯罪的新场所。尤其是对人格的贬低损害，是网络违法犯罪的主要形式。因此，必须注重互联网环境中对妇女人格的保护。

第八十三条 【用人单位就业性别歧视和侵害女职工法定权益的责任】

第八十三条 用人单位违反本法第四十三条和第四十八条规定的，由人力资源和社会保障部门责令改正；拒不改正或者情节严重的，处一万元以上五万元以下罚款。	新增条文

2019年人力资源社会保障部、教育部等九部门发布了《关于进一步规范招聘行为促进妇女就业的通知》规定："各类用人单位、人力资源服务机构在拟定招聘计划、发布招聘信息、招用人员过程中，不得限定性别（国家规定的女职工禁忌劳动范围等情况除外）或性别优先，不得以性别为由限制妇女求职就业、拒绝录用妇女，不得询问妇女婚育情况，不得将妊娠测试作为入职体检项目，不得将限制生育作为录用条件，不得差别化地提高对妇女的录用标准。"此外，也规定了用人单位违反此项要求的责任："对用人单位、人力资源服务机构发布含有性别歧视内容招聘信息的，依法责令改正；拒不改正的，处一万元以上五万元以下的罚款；情节严重的人力资源服务机构，吊销人力资源服务许可证。"

第八十四条 【不作为、打击报复等消极行为的主管人员和其他直接责任人责任】

第八十四条 违反本法规定，对侵害妇女权益的申诉、控告、检举，推诿、拖延、压制不予查处，或者对提出申诉、控告、检举的人进行打击报复的，**依法**责令改正，并对直接负责的主管人员和其他直接责任人员给予处分。 国家机关及其工作人员未依法履行职责，对侵害妇女权益的行	第五十七条 违反本法规定，对侵害妇女权益的申诉、控告、检举，推诿、拖延、压制不予查处，或者对提出申诉、控告、检举的人进行打击报复的，~~由其所在单位、主管部门或者上级机关~~责令改正，并~~依法~~对直接负责的主管人员和其他直接责任人员给予~~行政~~处分。

| 为未及时制止或者未给予受害妇女必要帮助，造成严重后果的，**依法**对直接负责的主管人员和其他直接责任人员给予处分。

违反本法规定，侵害妇女<u>人身</u>和**人格权益**、文化教育权益、劳动和社会保障权益、财产权益以及婚姻家庭权益的，**依法**责令改正，直接负责的主管人员和其他直接责任人员属于国家工作人员的，**依法**给予处分。 | 国家机关及其工作人员未依法履行职责，对侵害妇女权益的行为未及时制止或者未给予受害妇女必要帮助，造成严重后果的，~~由其所在单位或者上级机关依法~~对直接负责的主管人员和其他直接责任人员给予~~行政~~处分。

违反本法规定，侵害妇女文化教育权益、劳动和社会保障权益、<u>人身</u>和财产权益以及婚姻家庭权益的，~~由其所在单位、主管部门或者上级机关~~责令改正，直接负责的主管人员和其他直接责任人员属于国家工作人员的，~~由其所在单位或者上级机关依法~~给予~~行政~~处分。 |

因为 2020 年《公职人员政务处分法》出台之后，已不存在"行政处分"这一概念了，而由"政务处分"代替，并且"处分"的范围更广，不仅包括对公职人员的政务处分，也包括对一般工作人员的处分。

第八十五条 【侵害妇女合法权益的其他法律责任】

| 第八十五条 违反本法规定，侵害妇女的合法权益，其他法律、法规规定行政处罚的，从其规定；造成财产损失或者**人身**损害的，依法承担民事责任；构成犯罪的，依法追究刑事责任。 | 第五十六条 违反本法规定，侵害妇女的合法权益，其他法律、法规规定行政处罚的，从其规定；造成财产损失或者~~其他~~损害的，依法承担民事责任；构成犯罪的，依法追究刑事责任。 |

虽然本法在第九章规定了多种具体侵害妇女权益的主体责任和法律责任，但是由于侵犯妇女权益的行为种类繁多，且其他法已规定了相应的法律责任，因此本法在第九章的最后用一种类似"兜底条款"的法条，规定了侵害妇女合法权益应承担的法律责任类型。

第十章 附 则

第八十六条 【施行日期】

第八十六条 本法自 2023 年 1 月 1 日起施行。	第六十一条 本法自 1992 年 10 月 1 日起施行。
本条是关于修订后的《妇女权益保障法》施行时间的规定。	

中华人民共和国主席令

第一二二号

《中华人民共和国妇女权益保障法》已由中华人民共和国第十三届全国人民代表大会常务委员会第三十七次会议于 2022 年 10 月 30 日修订通过，现予公布，自 2023 年 1 月 1 日起施行。

中华人民共和国主席　习近平
2022 年 10 月 30 日

中华人民共和国妇女权益保障法

（1992年4月3日第七届全国人民代表大会第五次会议通过　根据2005年8月28日第十届全国人民代表大会常务委员会第十七次会议《关于修改〈中华人民共和国妇女权益保障法〉的决定》第一次修正　根据2018年10月26日第十三届全国人民代表大会常务委员会第六次会议《关于修改〈中华人民共和国野生动物保护法〉等十五部法律的决定》第二次修正　2022年10月30日第十三届全国人民代表大会常务委员会第三十七次会议修订）

目　　录

第一章　总　　则

第一条　为了保障妇女的合法权益，促进男女平等和妇女全面发展，充分发挥妇女在全面建设社会主义现代化国家中的作用，弘扬社会主义核心价值观，根据宪法，制定本法。

第二条　男女平等是国家的基本国策。妇女在政治的、经济的、文化的、社会的和家庭的生活等各方面享有同男子平等的权利。

国家采取必要措施，促进男女平等，消除对妇女一切形式的歧视，禁止排斥、限制妇女依法享有和行使各项权益。

国家保护妇女依法享有的特殊权益。

第三条　坚持中国共产党对妇女权益保障工作的领导，建立政府主导、各方协同、社会参与的保障妇女权益工作机制。

各级人民政府应当重视和加强妇女权益的保障工作。

县级以上人民政府负责妇女儿童工作的机构，负责组织、协调、指导、督促有关部门做好妇女权益的保障工作。

县级以上人民政府有关部门在各自的职责范围内做好妇女权益的保障工作。

第四条 保障妇女的合法权益是全社会的共同责任。国家机关、社会团体、企业事业单位、基层群众性自治组织以及其他组织和个人，应当依法保障妇女的权益。

国家采取有效措施，为妇女依法行使权利提供必要的条件。

第五条 国务院制定和组织实施中国妇女发展纲要，将其纳入国民经济和社会发展规划，保障和促进妇女在各领域的全面发展。

县级以上地方各级人民政府根据中国妇女发展纲要，制定和组织实施本行政区域的妇女发展规划，将其纳入国民经济和社会发展规划。

县级以上人民政府应当将妇女权益保障所需经费列入本级预算。

第六条 中华全国妇女联合会和地方各级妇女联合会依照法律和中华全国妇女联合会章程，代表和维护各族各界妇女的利益，做好维护妇女权益、促进男女平等和妇女全面发展的工作。

工会、共产主义青年团、残疾人联合会等群团组织应当在各自的工作范围内，做好维护妇女权益的工作。

第七条 国家鼓励妇女自尊、自信、自立、自强，运用法律维护自身合法权益。

妇女应当遵守国家法律，尊重社会公德、职业道德和家庭美德，履行法律所规定的义务。

第八条 有关机关制定或者修改涉及妇女权益的法律、法规、规章和其他规范性文件，应当听取妇女联合会的意见，充分考虑妇女的特殊权益，必要时开展男女平等评估。

第九条 国家建立健全妇女发展状况统计调查制度，完善性别统计监测指标体系，定期开展妇女发展状况和权益保障统计调查和分析，发布有关信息。

第十条 国家将男女平等基本国策纳入国民教育体系，开展宣传教育，增强全社会的男女平等意识，培育尊重和关爱妇女的社会风尚。

第十一条 国家对保障妇女合法权益成绩显著的组织和个人，按照有关规定给予表彰和奖励。

第二章　政治权利

第十二条 国家保障妇女享有与男子平等的政治权利。

第十三条 妇女有权通过各种途径和形式，依法参与管理国家事务、管理经济和文化事业、管理社会事务。

妇女和妇女组织有权向各级国家机关提出妇女权益

保障方面的意见和建议。

第十四条　妇女享有与男子平等的选举权和被选举权。

全国人民代表大会和地方各级人民代表大会的代表中，应当保证有适当数量的妇女代表。国家采取措施，逐步提高全国人民代表大会和地方各级人民代表大会的妇女代表的比例。

居民委员会、村民委员会成员中，应当保证有适当数量的妇女成员。

第十五条　国家积极培养和选拔女干部，重视培养和选拔少数民族女干部。

国家机关、群团组织、企业事业单位培养、选拔和任用干部，应当坚持男女平等的原则，并有适当数量的妇女担任领导成员。

妇女联合会及其团体会员，可以向国家机关、群团组织、企业事业单位推荐女干部。

国家采取措施支持女性人才成长。

第十六条　妇女联合会代表妇女积极参与国家和社会事务的民主协商、民主决策、民主管理和民主监督。

第十七条　对于有关妇女权益保障工作的批评或者合理可行的建议，有关部门应当听取和采纳；对于有关侵害妇女权益的申诉、控告和检举，有关部门应当查清事实，负责处理，任何组织和个人不得压制或者打击报复。

第三章　人身和人格权益

第十八条　国家保障妇女享有与男子平等的人身和人格权益。

第十九条　妇女的人身自由不受侵犯。禁止非法拘禁和以其他非法手段剥夺或者限制妇女的人身自由；禁止非法搜查妇女的身体。

第二十条　妇女的人格尊严不受侵犯。禁止用侮辱、诽谤等方式损害妇女的人格尊严。

第二十一条　妇女的生命权、身体权、健康权不受侵犯。禁止虐待、遗弃、残害、买卖以及其他侵害女性生命健康权益的行为。

禁止进行非医学需要的胎儿性别鉴定和选择性别的人工终止妊娠。

医疗机构施行生育手术、特殊检查或者特殊治疗时，应当征得妇女本人同意；在妇女与其家属或者关系人意见不一致时，应当尊重妇女本人意愿。

第二十二条　禁止拐卖、绑架妇女；禁止收买被拐卖、绑架的妇女；禁止阻碍解救被拐卖、绑架的妇女。

各级人民政府和公安、民政、人力资源和社会保障、卫生健康等部门及村民委员会、居民委员会按照各自的职责及时发现报告，并采取措施解救被拐卖、绑架的妇女，做好被解救妇女的安置、救助和关爱等工作。妇女联合会协助和配合做好有关工作。任何组织和个人不得歧视被拐卖、绑架的妇女。

第二十三条 禁止违背妇女意愿，以言语、文字、图像、肢体行为等方式对其实施性骚扰。

受害妇女可以向有关单位和国家机关投诉。接到投诉的有关单位和国家机关应当及时处理，并书面告知处理结果。

受害妇女可以向公安机关报案，也可以向人民法院提起民事诉讼，依法请求行为人承担民事责任。

第二十四条 学校应当根据女学生的年龄阶段，进行生理卫生、心理健康和自我保护教育，在教育、管理、设施等方面采取措施，提高其防范性侵害、性骚扰的自我保护意识和能力，保障女学生的人身安全和身心健康发展。

学校应当建立有效预防和科学处置性侵害、性骚扰的工作制度。对性侵害、性骚扰女学生的违法犯罪行为，学校不得隐瞒，应当及时通知受害未成年女学生的父母或者其他监护人，向公安机关、教育行政部门报告，并配合相关部门依法处理。

对遭受性侵害、性骚扰的女学生，学校、公安机关、教育行政部门等相关单位和人员应当保护其隐私和个人信息，并提供必要的保护措施。

第二十五条　用人单位应当采取下列措施预防和制止对妇女的性骚扰：

（一）制定禁止性骚扰的规章制度；

（二）明确负责机构或者人员；

（三）开展预防和制止性骚扰的教育培训活动；

（四）采取必要的安全保卫措施；

（五）设置投诉电话、信箱等，畅通投诉渠道；

（六）建立和完善调查处置程序，及时处置纠纷并保护当事人隐私和个人信息；

（七）支持、协助受害妇女依法维权，必要时为受害妇女提供心理疏导；

（八）其他合理的预防和制止性骚扰措施。

第二十六条　住宿经营者应当及时准确登记住宿人员信息，健全住宿服务规章制度，加强安全保障措施；发现可能侵害妇女权益的违法犯罪行为，应当及时向公安机关报告。

第二十七条　禁止卖淫、嫖娼；禁止组织、强迫、引诱、容留、介绍妇女卖淫或者对妇女进行猥亵活动；禁止组织、强迫、引诱、容留、介绍妇女在任何场所或者利用网络进行淫秽表演活动。

第二十八条　妇女的姓名权、肖像权、名誉权、荣誉权、隐私权和个人信息等人格权益受法律保护。

媒体报道涉及妇女事件应当客观、适度，不得通过夸大事实、过度渲染等方式侵害妇女的人格权益。

禁止通过大众传播媒介或者其他方式贬低损害妇女人格。未经本人同意，不得通过广告、商标、展览橱窗、报纸、期刊、图书、音像制品、电子出版物、网络等形式使用妇女肖像，但法律另有规定的除外。

第二十九条 禁止以恋爱、交友为由或者在终止恋爱关系、离婚之后，纠缠、骚扰妇女，泄露、传播妇女隐私和个人信息。

妇女遭受上述侵害或者面临上述侵害现实危险的，可以向人民法院申请人身安全保护令。

第三十条 国家建立健全妇女健康服务体系，保障妇女享有基本医疗卫生服务，开展妇女常见病、多发病的预防、筛查和诊疗，提高妇女健康水平。

国家采取必要措施，开展经期、孕期、产期、哺乳期和更年期的健康知识普及、卫生保健和疾病防治，保障妇女特殊生理时期的健康需求，为有需要的妇女提供心理健康服务支持。

第三十一条 县级以上地方人民政府应当设立妇幼保健机构，为妇女提供保健以及常见病防治服务。

国家鼓励和支持社会力量通过依法捐赠、资助或者提供志愿服务等方式，参与妇女卫生健康事业，提供安全的生理健康用品或者服务，满足妇女多样化、差异化的健康需求。

用人单位应当定期为女职工安排妇科疾病、乳腺疾病检查以及妇女特殊需要的其他健康检查。

第三十二条 妇女依法享有生育子女的权利，也有不生育子女的自由。

第三十三条 国家实行婚前、孕前、孕产期和产后保健制度，逐步建立妇女全生育周期系统保健制度。医疗保健机构应当提供安全、有效的医疗保健服务，保障妇女生育安全和健康。

有关部门应当提供安全、有效的避孕药具和技术，保障妇女的健康和安全。

第三十四条 各级人民政府在规划、建设基础设施时，应当考虑妇女的特殊需求，配备满足妇女需要的公共厕所和母婴室等公共设施。

第四章 文化教育权益

第三十五条 国家保障妇女享有与男子平等的文化教育权利。

第三十六条 父母或者其他监护人应当履行保障适龄女性未成年人接受并完成义务教育的义务。

对无正当理由不送适龄女性未成年人入学的父母或者其他监护人，由当地乡镇人民政府或者县级人民政府教育行政部门给予批评教育，依法责令其限期改正。居民委员会、村民委员会应当协助政府做好相关工作。

政府、学校应当采取有效措施，解决适龄女性未成年人就学存在的实际困难，并创造条件，保证适龄女性未成年人完成义务教育。

第三十七条 学校和有关部门应当执行国家有关规定，保障妇女在入学、升学、授予学位、派出留学、就业指导和服务等方面享有与男子平等的权利。

学校在录取学生时，除国家规定的特殊专业外，不得以性别为由拒绝录取女性或者提高对女性的录取标准。

各级人民政府应当采取措施，保障女性平等享有接受中高等教育的权利和机会。

第三十八条 各级人民政府应当依照规定把扫除妇女中的文盲、半文盲工作，纳入扫盲和扫盲后继续教育规划，采取符合妇女特点的组织形式和工作方法，组织、监督有关部门具体实施。

第三十九条 国家健全全民终身学习体系，为妇女终身学习创造条件。

各级人民政府和有关部门应当采取措施，根据城镇和农村妇女的需要，组织妇女接受职业教育和实用技术培训。

第四十条 国家机关、社会团体和企业事业单位应当执行国家有关规定，保障妇女从事科学、技术、文学、艺术和其他文化活动，享有与男子平等的权利。

第五章 劳动和社会保障权益

第四十一条 国家保障妇女享有与男子平等的劳动权利和社会保障权利。

第四十二条 各级人民政府和有关部门应当完善就业保障政策措施，防止和纠正就业性别歧视，为妇女创造公平的就业创业环境，为就业困难的妇女提供必要的扶持和援助。

第四十三条 用人单位在招录（聘）过程中，除国家另有规定外，不得实施下列行为：

（一）限定为男性或者规定男性优先；

（二）除个人基本信息外，进一步询问或者调查女性求职者的婚育情况；

（三）将妊娠测试作为入职体检项目；

（四）将限制结婚、生育或者婚姻、生育状况作为录（聘）用条件；

（五）其他以性别为由拒绝录（聘）用妇女或者差别化地提高对妇女录（聘）用标准的行为。

第四十四条 用人单位在录（聘）用女职工时，应当依法与其签订劳动（聘用）合同或者服务协议，劳动（聘用）合同或者服务协议中应当具备女职工特殊保护条款，并不得规定限制女职工结婚、生育等内容。

职工一方与用人单位订立的集体合同中应当包含男女平等和女职工权益保护相关内容，也可以就相关内容制定专章、附件或者单独订立女职工权益保护专项集体合同。

第四十五条 实行男女同工同酬。妇女在享受福利待遇方面享有与男子平等的权利。

第四十六条 在晋职、晋级、评聘专业技术职称和职务、培训等方面，应当坚持男女平等的原则，不得歧视妇女。

第四十七条 用人单位应当根据妇女的特点，依法保护妇女在工作和劳动时的安全、健康以及休息的权利。

妇女在经期、孕期、产期、哺乳期受特殊保护。

第四十八条 用人单位不得因结婚、怀孕、产假、哺乳等情形，降低女职工的工资和福利待遇，限制女职工晋职、晋级、评聘专业技术职称和职务，辞退女职工，单方解除劳动（聘用）合同或者服务协议。

女职工在怀孕以及依法享受产假期间，劳动（聘用）合同或者服务协议期满的，劳动（聘用）合同或者服务协议期限自动延续至产假结束。但是，用人单位依法解除、终止劳动（聘用）合同、服务协议，或者女职工依法要求解除、终止劳动（聘用）合同、服务协议的除外。

用人单位在执行国家退休制度时，不得以性别为由歧视妇女。

第四十九条　人力资源和社会保障部门应当将招聘、录取、晋职、晋级、评聘专业技术职称和职务、培训、辞退等过程中的性别歧视行为纳入劳动保障监察范围。

第五十条　国家发展社会保障事业，保障妇女享有社会保险、社会救助和社会福利等权益。

国家提倡和鼓励为帮助妇女而开展的社会公益活动。

第五十一条　国家实行生育保险制度，建立健全婴幼儿托育服务等与生育相关的其他保障制度。

国家建立健全职工生育休假制度，保障孕产期女职工依法享有休息休假权益。

地方各级人民政府和有关部门应当按照国家有关规定，为符合条件的困难妇女提供必要的生育救助。

第五十二条　各级人民政府和有关部门应当采取必要措施，加强贫困妇女、老龄妇女、残疾妇女等困难妇女的权益保障，按照有关规定为其提供生活帮扶、就业创业支持等关爱服务。

第六章　财产权益

第五十三条　国家保障妇女享有与男子平等的财产权利。

第五十四条　在夫妻共同财产、家庭共有财产关系中，不得侵害妇女依法享有的权益。

第五十五条　妇女在农村集体经济组织成员身份确认、土地承包经营、集体经济组织收益分配、土地征收补偿安置或者征用补偿以及宅基地使用等方面，享有与男子平等的权利。

申请农村土地承包经营权、宅基地使用权等不动产登记，应当在不动产登记簿和权属证书上将享有权利的妇女等家庭成员全部列明。征收补偿安置或者征用补偿协议应当将享有相关权益的妇女列入，并记载权益内容。

第五十六条　村民自治章程、村规民约，村民会议、村民代表会议的决定以及其他涉及村民利益事项的决定，不得以妇女未婚、结婚、离婚、丧偶、户无男性等为由，侵害妇女在农村集体经济组织中的各项权益。

因结婚男方到女方住所落户的，男方和子女享有与所在地农村集体经济组织成员平等的权益。

第五十七条　国家保护妇女在城镇集体所有财产关系中的权益。妇女依照法律、法规的规定享有相关权益。

第五十八条　妇女享有与男子平等的继承权。妇女依法行使继承权，不受歧视。

丧偶妇女有权依法处分继承的财产，任何组织和个人不得干涉。

第五十九条　丧偶儿媳对公婆尽了主要赡养义务的，作为第一顺序继承人，其继承权不受子女代位继承的影响。

第七章　婚姻家庭权益

第六十条　国家保障妇女享有与男子平等的婚姻家庭权利。

第六十一条　国家保护妇女的婚姻自主权。禁止干涉妇女的结婚、离婚自由。

第六十二条　国家鼓励男女双方在结婚登记前，共同进行医学检查或者相关健康体检。

第六十三条　婚姻登记机关应当提供婚姻家庭辅导服务，引导当事人建立平等、和睦、文明的婚姻家庭关系。

第六十四条　女方在怀孕期间、分娩后一年内或者终止妊娠后六个月内，男方不得提出离婚；但是，女方提出离婚或者人民法院认为确有必要受理男方离婚请求的除外。

第六十五条　禁止对妇女实施家庭暴力。

县级以上人民政府有关部门、司法机关、社会团体、企业事业单位、基层群众性自治组织以及其他组织，应当在各自的职责范围内预防和制止家庭暴力，依法为受害妇女提供救助。

第六十六条　妇女对夫妻共同财产享有与其配偶平等的占有、使用、收益和处分的权利，不受双方收入状况等情形的影响。

对夫妻共同所有的不动产以及可以联名登记的动产，女方有权要求在权属证书上记载其姓名；认为记载的权利人、标的物、权利比例等事项有错误的，有权依法申请更正登记或者异议登记，有关机构应当按照其申请依法办理相应登记手续。

第六十七条　离婚诉讼期间，夫妻一方申请查询登记在对方名下财产状况且确因客观原因不能自行收集的，人民法院应当进行调查取证，有关部门和单位应当予以协助。

离婚诉讼期间，夫妻双方均有向人民法院申报全部夫妻共同财产的义务。一方隐藏、转移、变卖、损毁、挥霍夫妻共同财产，或者伪造夫妻共同债务企图侵占另一方财产的，在离婚分割夫妻共同财产时，对该方可以少分或者不分财产。

第六十八条　夫妻双方应当共同负担家庭义务，共同照顾家庭生活。

女方因抚育子女、照料老人、协助男方工作等负担较多义务的，有权在离婚时要求男方予以补偿。补偿办法由双方协议确定；协议不成的，可以向人民法院提起诉讼。

第六十九条　离婚时，分割夫妻共有的房屋或者处理夫妻共同租住的房屋，由双方协议解决；协议不成的，可以向人民法院提起诉讼。

第七十条 父母双方对未成年子女享有平等的监护权。

父亲死亡、无监护能力或者有其他情形不能担任未成年子女的监护人的，母亲的监护权任何组织和个人不得干涉。

第七十一条 女方丧失生育能力的，在离婚处理子女抚养问题时，应当在最有利于未成年子女的条件下，优先考虑女方的抚养要求。

第八章　救济措施

第七十二条 对侵害妇女合法权益的行为，任何组织和个人都有权予以劝阻、制止或者向有关部门提出控告或者检举。有关部门接到控告或者检举后，应当依法及时处理，并为控告人、检举人保密。

妇女的合法权益受到侵害的，有权要求有关部门依法处理，或者依法申请调解、仲裁，或者向人民法院起诉。

对符合条件的妇女，当地法律援助机构或者司法机关应当给予帮助，依法为其提供法律援助或者司法救助。

第七十三条 妇女的合法权益受到侵害的，可以向妇女联合会等妇女组织求助。妇女联合会等妇女组织应当维护被侵害妇女的合法权益，有权要求并协助有关部门或者单位查处。有关部门或者单位应当依法查处，并予以答复；不予处理或者处理不当的，县级以上人民政府负责妇女儿童工作的机构、妇女联合会可以向其提出督促处理意见，必要时可以提请同级人民政府开展督查。

受害妇女进行诉讼需要帮助的，妇女联合会应当给予支持和帮助。

第七十四条　用人单位侵害妇女劳动和社会保障权益的，人力资源和社会保障部门可以联合工会、妇女联合会约谈用人单位，依法进行监督并要求其限期纠正。

第七十五条　妇女在农村集体经济组织成员身份确认等方面权益受到侵害的，可以申请乡镇人民政府等进行协调，或者向人民法院起诉。

乡镇人民政府应当对村民自治章程、村规民约，村民会议、村民代表会议的决定以及其他涉及村民利益事项的决定进行指导，对其中违反法律、法规和国家政策规定，侵害妇女合法权益的内容责令改正；受侵害妇女向农村土地承包仲裁机构申请仲裁或者向人民法院起诉的，农村土地承包仲裁机构或者人民法院应当依法受理。

第七十六条　县级以上人民政府应当开通全国统一的妇女权益保护服务热线，及时受理、移送有关侵害妇女合法权益的投诉、举报；有关部门或者单位接到投诉、举报后，应当及时予以处置。

鼓励和支持群团组织、企业事业单位、社会组织和个人参与建设妇女权益保护服务热线，提供妇女权益保护方面的咨询、帮助。

第七十七条　侵害妇女合法权益，导致社会公共利益受损的，检察机关可以发出检察建议；有下列情形之一的，检察机关可以依法提起公益诉讼：

（一）确认农村妇女集体经济组织成员身份时侵害妇女权益或者侵害妇女享有的农村土地承包和集体收益、土地征收征用补偿分配权益和宅基地使用权益；

（二）侵害妇女平等就业权益；

（三）相关单位未采取合理措施预防和制止性骚扰；

（四）通过大众传播媒介或者其他方式贬低损害妇女人格；

（五）其他严重侵害妇女权益的情形。

第七十八条　国家机关、社会团体、企业事业单位对侵害妇女权益的行为，可以支持受侵害的妇女向人民法院起诉。

第九章　法律责任

第七十九条　违反本法第二十二条第二款规定，未履行报告义务的，依法对直接负责的主管人员和其他直接责任人员给予处分。

第八十条 违反本法规定，对妇女实施性骚扰的，由公安机关给予批评教育或者出具告诫书，并由所在单位依法给予处分。

学校、用人单位违反本法规定，未采取必要措施预防和制止性骚扰，造成妇女权益受到侵害或者社会影响恶劣的，由上级机关或者主管部门责令改正；拒不改正或者情节严重的，依法对直接负责的主管人员和其他直接责任人员给予处分。

第八十一条 违反本法第二十六条规定，未履行报告等义务的，依法给予警告、责令停业整顿或者吊销营业执照、吊销相关许可证，并处一万元以上五万元以下罚款。

第八十二条 违反本法规定，通过大众传播媒介或者其他方式贬低损害妇女人格的，由公安、网信、文化旅游、广播电视、新闻出版或者其他有关部门依据各自的职权责令改正，并依法给予行政处罚。

第八十三条 用人单位违反本法第四十三条和第四十八条规定的，由人力资源和社会保障部门责令改正；拒不改正或者情节严重的，处一万元以上五万元以下罚款。

第八十四条 违反本法规定，对侵害妇女权益的申诉、控告、检举，推诿、拖延、压制不予查处，或者对提出申诉、控告、检举的人进行打击报复的，依法责令改正，并对直接负责的主管人员和其他直接责任人员给予处分。

国家机关及其工作人员未依法履行职责，对侵害妇女权益的行为未及时制止或者未给予受害妇女必要帮助，造成严重后果的，依法对直接负责的主管人员和其他直接责任人员给予处分。

违反本法规定，侵害妇女人身和人格权益、文化教育权益、劳动和社会保障权益、财产权益以及婚姻家庭权益的，依法责令改正，直接负责的主管人员和其他直接责任人员属于国家工作人员的，依法给予处分。

第八十五条　违反本法规定，侵害妇女的合法权益，其他法律、法规规定行政处罚的，从其规定；造成财产损失或者人身损害的，依法承担民事责任；构成犯罪的，依法追究刑事责任。

第十章　附　　则

第八十六条　本法自 2023 年 1 月 1 日起施行。

关于《中华人民共和国妇女权益保障法（修订草案）》的说明

——2021 年 12 月 20 日在第十三届全国人民代表大会常务委员会第三十二次会议上

全国人大社会建设委员会主任委员　何毅亭

全国人民代表大会常务委员会：

我受全国人大社会建设委员会委托，作关于《中华人民共和国妇女权益保障法（修订草案）》的说明。

一、妇女权益保障法修改的必要性

妇女是人类文明的开创者、社会进步的推动者，妇女的地位体现了一个国家的文明与进步。党和国家高度重视、积极推进妇女工作，促进男女平等和妇女全面发展。党的十八大以来，以习近平同志为核心的党中央从党和国家事业发展全局出发，就维护妇女权益、促进妇女全面发展，提出新的更高要求，作出一系列重要部署。习近平总书记多次强调，"妇女权益是基本人权""要把保障妇女权益系统纳入法律法规，上升为国家意志，内化为社会行为规范"。习近平总书记的重要论述和党中央的决策部署，为做好妇女权益保障工作指明了方向。

现行的妇女权益保障法是 1992 年由七届全国人大五次会议通过的，此后经过了 2005 年的全面修订、2018 年的个别调整。该法实施近 30 年来，有力促进了妇女在各方面权益保障水平的提高，推动了男女平等基本国策深入人心。同时不可否认，妇女权益保障领域存在的一些老问题尚未得到根本解决，如妇女被拐卖、性侵、家庭暴力、性骚扰，农村妇女、残疾妇女、单亲母亲等群体仍面临特殊困难等；随着经济社会发展又出现了一些新情况、新问题。如生育政策调整后生育与就业矛盾加剧，就业领域的性别歧视有所凸显；农村产权形式和分配方式发生变化后保护农村妇女财产权益面临新挑战；家庭稳定性持续下降，离婚率上升，婚姻家庭关系引发的矛盾纠纷日益复杂等等。面对这些情况，现行妇女权益保障法亟待进一步拓展和强化。近年来，全国人大代表多次就修改妇女权益保障法提出议案，仅十三届全国人大一次会议以来，就先后有 350 名全国人大代表提出 11 件关于修改妇女权益保障法的议案。社会各界也呼吁通过修法，进一步优化促进男女平等的基础性制度设计，完善保障内容，提升保障水平，为妇女全面发展营造环境、扫清障碍、创造条件。

全国人大常委会认真贯彻落实党中央关于保障妇女权益的决策部署，积极回应社会关切，将修改妇女权益保障法列入常委会 2021 年度立法工作计划。2021 年以来，社会建设委员会在全国妇联提交的建议稿基础上，通过向地方人大书面征求意见、召开专家座谈会、开展实地调研和委托地方调研等方式，充分研究论证，不断完善草案文本，在广泛听取、积极吸纳各方面意见建议的基础上，形成了《中华人民共和国妇女权益保障法（修订草案）》（以下简称《修订草案》）。

二、妇女权益保障法修改的指导思想和总体思路

（一）指导思想

以习近平新时代中国特色社会主义思想为指导，全面贯彻习近平总书记关于加强妇女工作、维护妇女合法权益重要讲话精神和党中央决策部署，坚持以人民为中心的发展思想，贯彻落实男

女平等基本国策，着力完善相关制度机制和保障性法律措施，为促进男女平等和妇女全面发展提供坚实的法治保障。

（二）总体思路

一是立足国情实际，逐步健全与我国发展阶段相适应的妇女权益保障制度。近年来党和国家陆续出台了多个旨在加强妇女权益保障的规范性文件，各地在妇女权益保障工作中进行了积极探索，积累了丰富的实践经验。《修订草案》将适应妇女权益保障现实需要、实践证明行之有效、各方面认识比较一致的措施及时转化为法律规范，确保妇女平等分享发展成果。同时坚持尽力而为、量力而行原则，不盲目效仿西方国家的做法，对于争议较大或目前修改时机和条件尚不成熟的内容，不做出修订。

二是坚持问题导向，力争在解决妇女权益保障领域存在的突出问题上有所突破。妇女权益保障领域长期存在一些痛点、难点问题，直接关系妇女的切身利益和亿万家庭的幸福美满，影响社会和谐稳定。《修订草案》针对这些突出问题，致力于优化妇女发展环境，加强制度机制构建，在权利确认、预防性保障、侵害处置、救济措施、责任追究等方面进一步完善相关规定，消除不利于妇女发展的障碍，促进男女平等和妇女全面发展。

三是坚持系统观念，处理好与相关法律、法规和政策的衔接配合。妇女权益保障涉及宪法和民法典、刑法以及劳动、教育、社会保障、土地承包、基层政权建设、人口与计划生育、母婴保健、反家庭暴力等方面的法律法规。《修订草案》坚持本法作为妇女权益保障领域专门法的定位，注意处理好与其他法律法规的关系。对其他法律没有规定或者规定不够完善的，尽可能在本法中作出明确具体的规定；其他法律已有明确规定的，本法只做原则性、衔接性的规定；对于适宜通过制定行政法规或政策细化和解决的问题，在本法中只做原则性规定，避免挂一漏万。

四是尊重地区差异，为地方立法留下空间。在妇女权益保障领域，各地存在的突出问题不尽相同，经济社会发展水平能够支撑的保障程度也不尽相同，一些问题不宜在本法中做"一刀切"的规定。《修订草案》着眼于发挥地方立法灵活性大、针对性和集合性强的优势，对妇女权益保障中的某些问题，如高额彩礼等婚姻陋习，在本法中未做规定，留待地方立法予以规范。

三、妇女权益保障法修改的主要内容

现行妇女权益保障法共九章六十一条，《修订草案》修改四十八条、保留十二条、删除一条，新增二十四条，修改后共计九章八十六条。主要修改内容如下。

（一）关于总则部分

健全完善促进男女平等和妇女全面发展的制度机制，是保障妇女权益的基础性工作。《修订草案》增加了"歧视妇女"的含义、维护妇女权益的工作机制、司法机关的责任、法律政策性别平等评估机制、性别统计调查和发布制度、男女平等基本国策教育等新规定，并对其他条款作了调整和补充完善。

（二）关于妇女权益的保障

《修订草案》从六个方面进一步完善和加强了对妇女权益的保障。

1. 在政治权利保障方面。增加了基层群众性自治组织和用人单位应当组织妇女参与相关协商议事活动、职工代表大会中女职工代表的比例应当与女职工所占比例相适应等新规定，强化了妇女联合会的新职能，进一步拓宽妇女参与国家和社会事务管理的途径。

2. 在文化教育权益保障方面。补充完善了保障适龄女性未成年人接受并完成义务教育的相关规定，明确政府采取措施，保障女性平等享有接受中高等教育的权利和机会。

3. 在劳动和社会保障权益方面。重点明确就业性别歧视的主要情形，完善消除就业性别歧视的机制，推广女职工特殊权益专项集体合同，建立企业性别平等报告制度，针对平台用工等新的就业形态明确规定应当参照适用本法的相关规定，增强新形势下对妇女就业的全方位保护。

4. 在财产权益保障方面。主要增加了对农村妇女土地及相关权益的保护措施，明确了基层人民政府对村民自治章程、村规民约以及涉及村民利益事项的决定中侵害妇女权益的内容予以纠正的责任，对城镇集体经济中的妇女权益保护做出了新规定。

5. 在人格权益保障方面。首先是将原第六章的章名"人身权利"修改为"人格权益"；其次是细化了对妇女生命健康权的保护措施，列举了性骚扰的常见情形并规定了学校和用人单位应当采取的预防和制止措施，扩大了人身安全保护令的适用范围，增加了建立妇女健康服务体系、提供妇女特殊生理期健康服务、建设满足妇女基本需要的设施、保护被性侵妇女的权益等新内容。

6. 在婚姻家庭权益保障方面。增加了鼓励婚前体检、建立婚姻家庭辅导服务制度等新规定；对民法典有关夫妻共同财产的规定进行了细化，增加了有关财产权属登记、离婚诉讼期间共同财产查询、离婚时家务劳动经济补偿等规定，加强对女方合法权益的保护。

（三）关于法律救济与法律责任

《修订草案》增加了各级妇儿工委可以发出督促处理意见书、加强全国统一的妇女维权服务热线建设、建立妇女权益保障检察公益诉讼制度、支持起诉制度等新救济途径，完善了妇女在农村集体经济权益受侵害时的救济途径，增加了实施就业性别歧视、未采取性骚扰预防制止措施的法律责任等，进一步细化、强化了法律救济和法律责任，增强了法律的刚性。

此外，《修订草案》还对部分条文做了文字修改。

《中华人民共和国妇女权益保障法（修订草案）》和以上说明是否妥当，请审议。

全国人民代表大会宪法和法律委员会
关于《中华人民共和国妇女权益保障法（修订草案）》修改情况的汇报

全国人民代表大会常务委员会：

常委会第三十二次会议对妇女权益保障法修订草案进行了初次审议。会后，法制工作委员会将修订草案印发有关部门、地方和单位征求意见；在中国人大网公布修订草案全文，征求社会公众意见；委托上海虹桥街道基层立法联系点开展调研，并通过网络视频会议形式听取有关方面意见。梳理研究十三届全国人大五次会议期间全国人大代表提出的相关议案和建议。宪法和法律委员会于3月23日召开会议，根据常委会组成人员审议意见和各方面的意见，对修订草案进行了逐条审议。社会建设委员会、全国妇联有关负责同志列席了会议。4月12日，宪法和法律委员会召开会议，再次进行了审议。现将妇女权益保障法修订草案主要问题的修改情况汇报如下：

一、有的常委委员提出，应当进一步突出对妇女人身权、人格权的保护，并建议对修订草案结构作适当调整完善。宪法和法律委员会经研究，建议将修订草案第六章前移作为第三章，将章名修改为"人身和人格权益"，并增加妇女的人格尊严不受侵犯等规定；将修订草案第八章"法律救济与法律责任"拆分为"救济措施"和"法律责任"两章。

二、修订草案第二条第四款规定，国家可以为实现男女平等而采取暂时性的特别措施。有的常委委员、单位提出，我国在保障妇女权益方面有较全面的制度和措施，"暂时性的特别措施"内容不明确，必要性不足，建议不作规定。宪法和法律委员会经研究，建议采纳这一意见。

三、修订草案第十七条第三款规定，妇女联合会及其团体会员向国家机关等方面推荐女干部，有关部门和单位应当重视其推荐意见。有的常委会组成人员、地方和社会公众提出，该规定与现行组织人事管理制度不一致，实践中也难以操作。宪法和法律委员会经研究，建议删除"有关部门和单位应当重视其推荐意见"。

四、有的常委会组成人员提出，最近有的地方揭露出的拐卖妇女等严重侵害妇女权益的恶性案件，暴露出基层治理存在一定短板，有必要建立报告与排查制度，及时发现和处理侵害妇女权益的违法犯罪行为。宪法和法律委员会经研究，建议增加规定："婚姻登记机关、乡镇人民政府、街道办事处、居民委员会、村民委员会及其工作人员在工作中发现妇女疑似被拐卖、绑架的，应当及时向公安机关报告，公安机关应当依法及时调查处理。""妇女联合会应当发挥其基层组织作用，会同公安等部门加强对拐卖、绑架等侵害妇女权益行为的排查，有关部门应当予以配合。发现妇女疑似被拐卖、绑架的，应当及时向公安机关报告，并协助有关部门做好解救工作。""住宿经营者应当及时准确登记住宿人员信息，健全住宿服务规章制度，加强安全保障措施；发现可能侵害妇女权益的违法犯罪行为，应当及时向公安机关报告。"同时，增加规定未履行报告义务的法律责任。

五、有的常委会组成人员、单位和地方提出，为有效预防学校发生对未成年女性的性骚扰、性侵害，应当规定入职查询制度。宪法和法律委员会经研究，建议增加规定："学校聘用教职员工或者引入志愿者、社会工作者等校外人员时，应当查询上述人员是否具有性侵害、性骚扰等违法犯罪记录；发现其具有上述记录的，不得录用或者引入。"

六、修订草案第五十四条规定，妇女因遭受性侵害因故不适合终止妊娠而生育子女的，可以不担任监护人，有权单方决定送养子女；无人收养的，由民政部门担任监护人。有的单位和地方提出，该规定与民法典关于监护、送养的规定不一致，对保护未成年人合法权益容易造成不利影响，建议不作规定。宪法和法律委员会经研究，建议采纳这一意见。

七、有的常委委员和单位提出，应当进一步完善相关制度，促进国家生育政策的落实。宪法和法律委员会经研究，建议增加规定，国家建立健全职工生育休假制度，保障孕产期女职工依法享有休息休假权益。用人单位不得因结婚、怀孕、产假、哺乳等情形，限制女职工晋职、晋级、评聘专业技术职称和职务。

此外，还对修订草案作了一些文字修改。

修订草案二次审议稿已按上述意见作了修改，宪法和法律委员会建议提请本次常委会会议继续审议。

修订草案二次审议稿和以上汇报是否妥当，请审议。

全国人民代表大会宪法和法律委员会
2022 年 4 月 18 日

全国人民代表大会宪法和法律委员会关于《中华人民共和国妇女权益保障法（修订草案）》审议结果的报告

全国人民代表大会常务委员会：

常委会第三十四次会议对妇女权益保障法修订草案进行了二次审议。会后，法制工作委员会在中国人大网公布修订草案二次审议稿全文，征求社会公众意见；通过三十一个基层立法联系点征求基层群众意见；听取全国妇联等有关方面的意见。宪法和法律委员会、法制工作委员会先后到青海、宁夏和黑龙江调研，听取地方有关部门、妇联、全国人大代表等的意见。宪法和法律委员会于9月14日召开会议，根据委员长会议精神、常委会组成人员审议意见和各方面的意见，对修订草案进行了逐条审议。社会建设委员会、公安部、民政部、人力资源和社会保障部、全国妇联有关负责同志列席了会议。10月14日，宪法和法律委员会召开会议，再次进行了审议。宪法和法律委员会认为，修订草案经过两次审议修改，已经比较成熟。同时，提出以下主要修改意见：

一、有的常委委员和单位建议，在修订草案二次审议稿第二条第二款中增加促进男女平等的规定。宪法和法律委员会经研究，建议将该款修改为："国家采取必要措施，促进男女平等，消除对妇女一切形式的歧视，禁止排斥、限制妇女依法享有和行使各项权益。"

二、有的常委委员和单位提出，修订草案删除了现行法第六条第一款关于各级人民政府应当重视和加强妇女权益的保障工作的规定，不利于压实政府责任，建议予以恢复。宪法和法律委员会经研究，建议采纳这一意见。

三、有的常委会组成人员和单位提出，修订草案二次审议稿中有的内容属于妇女工作和妇联工作的具体事项；有的内容其他法律已作明确规定；有的内容应当考虑到社会生活比较复杂、实际情况千差万别，法律不宜作过细规定，可在司法实践中具体把握，建议进一步简化有关规定，突出解决一般性、普遍性问题。宪法和法律委员会经研究，建议采纳这一意见，对有关规定进行修改精简。

四、有的常委委员提出，一些媒体在进行报道时违反法律法规公开当事人隐私和个人信息，甚至进行与事实不符的宣传报道，侵害妇女的隐私权、名誉权等人格权益，对此应当加强规范。宪法和法律委员会经研究，建议增加规定："媒体报道涉及妇女事件应当客观、适度，不得通过夸大事实、过度渲染等方式侵害妇女的人格权益。"

五、修订草案二次审议稿第五十五条对保障困难妇女权益作了规定。宪法和法律委员会经研究，建议全面贯彻落实习近平总书记关于保障贫困妇女、老龄妇女、残疾妇女等困难群体的重要讲话精神，将该条修改为："各级人民政府和有关部门应当采取必要措施，加强贫困妇女、老龄妇女、残疾妇女等困难妇女的权益保障，按照有关规定为其提供生活帮扶、就业创业支持等关爱服务。"

六、修订草案二次审议稿第七十八条规定："用人单位侵害女职工劳动和社会保障权益的，工会、妇女联合会有权依法进行监督并要求其限期纠正。"有的常委会组成人员、单位和地方建议，根据实际做法，明确人力资源和社会保障部门可以联合工

94

会、妇女联合会约谈用人单位。宪法和法律委员会经研究，建议修改为："用人单位侵害妇女劳动和社会保障权益的，人力资源和社会保障部门可以联合工会、妇女联合会约谈用人单位，依法进行监督并要求其限期纠正。"

此外，还对修订草案二次审议稿作了一些文字修改。

9 月 28 日，法制工作委员会召开会议，邀请部分全国人大代表、专家学者和地方有关单位、妇联、学校以及企业等方面的代表，就修订草案中主要制度规范的可行性、出台时机、实施的社会效果和可能出现的问题等进行评估。与会人员普遍认为，修订草案贯彻落实党中央有关精神，对妇女权益保障相关制度作出系统规定，修订草案经过两次审议修改，充分吸收了各方面意见，主要制度设计符合实际，已经比较成熟，现在出台是必要的、可行的。同时，还对修订草案提出了一些具体修改意见，宪法和法律委员会对有的意见予以采纳。

修订草案三次审议稿已按上述意见作了修改，宪法和法律委员会建议提请本次常委会会议审议通过。

修订草案三次审议稿和以上报告是否妥当，请审议。

全国人民代表大会宪法和法律委员会

2022 年 10 月 27 日

全国人民代表大会宪法和法律委员会
关于《中华人民共和国妇女权益保障法
（修订草案三次审议稿）》修改意见的报告

全国人民代表大会常务委员会：

本次常委会会议于 10 月 27 日下午对妇女权益保障法修订草案三次审议稿进行了分组审议。普遍认为，修订草案已经比较成熟，建议进一步修改后，提请本次常委会会议表决通过。同时，有些常委会组成人员和列席人员还提出了一些修改意见。宪法和法律委员会于 10 月 28 日下午召开会议，逐条研究了常委会组成人员的审议意见，对修订草案进行了审议。社会建设委员会、全国妇联有关负责同志列席了会议。宪法和法律委员会认为，修订草案是可行的，同时，提出以下修改意见：

一、有的常委委员提出，各级妇联组织是广大妇女的"娘家人"，对于防止拐卖、绑架妇女和解救被拐卖、绑架的妇女，应当发挥应有作用，现行妇女权益保障法相关规定有这方面的要求，建议本次修订法律时予以保留。宪法和法律委员会经研究，建议在三次审议稿第二十二条第二款中增加"妇女联合会协助和配合做好有关工作"一句。

二、三次审议稿第二十四条第二款规定，对性侵害、性骚扰女学生的违法犯罪行为，学校不得隐瞒，应当及时通知受害女学生的父母或者其他监护人。有的常委委员提出，遭受性侵害、性骚扰的女学生也有成年人，只有未成年女学生才需要通知其父母或者其他监护人。宪法和法律委员会经研究，建议采纳这一意见，对相关规定作出修改。

三、三次审议稿第三十一条第三款对用人单位定期为女职工安排疾病健康检查作了规定。有的常委委员提出，为了更好保护女职工身体健康，建议适当扩大健康检查范围。宪法和法律委员会经研究，建议将该款规定修改为："用人单位应当定期为女职工安排妇科疾病、乳腺疾病检查以及妇女特殊需要的其他健康检查。"

常委会组成人员还提出了一些修改意见。宪法和法律委员会研究认为，有的宜在实践中具体把握，有的在修改过程中已经反复研究，有的在有关法律和国家有关文件中已经作出规定，修订草案以不再作进一步修改为宜。

经与有关方面研究，建议将修订后的妇女权益保障法的施行时间确定为2023年1月1日。

此外，根据常委会组成人员的审议意见，还对修订草案三次审议稿作了一些文字修改。

修订草案修改稿已按上述意见作了修改，宪法和法律委员会建议本次常委会会议审议通过。

修订草案修改稿和以上报告是否妥当，请审议。

全国人民代表大会宪法和法律委员会
2022年10月29日

中国妇女发展纲要（2021—2030 年）

（2021 年 9 月 8 日　国发〔2021〕16 号）

前　言

追求男女平等的事业是伟大的。妇女是人类文明的开创者、社会进步的推动者，是全面建设社会主义现代化国家的重要力量。男女平等和妇女全面发展程度，是衡量社会文明进步的重要标志。党和国家高度重视妇女事业发展，先后制定实施了三个周期的中国妇女发展纲要，为优化妇女发展环境、保障妇女合法权益提供了重要保障。

党的十八大以来，以习近平同志为核心的党中央将"坚持男女平等基本国策，保障妇女儿童合法权益"写入党的施政纲领，作为治国理政的重要内容，不断完善党委领导、政府主责、妇女儿童工作委员会（以下简称妇儿工委）协调、多部门合作、全社会参与的妇女工作机制，在出台法律、制定政策、编制规划、部署工作时充分考虑两性的现实差异和妇女的特殊利益，支持妇女充分发挥"半边天"作用，为促进妇女全面发展加速行动。妇女参与经济社会发展的能力和贡献率明显提升，社会地位显著提高，合法权益得到有效保障，健康状况得到极大改善，受教育程度不断提高，参与决策和管理的途径更加多元，社会保障水平稳步提升，在家庭生活中的重要作用进一步彰显，发展环境日益优化。妇女事业和男女平等发展取得了历史性新成就。

进入新时代，我国社会主要矛盾发生历史性变化，妇女群众对美好生活的需要日益广泛，妇女发展的不平衡不充分问题仍然突出。城乡、区域和群体之间妇女发展存在差距，农村特别是欠发达地区妇女民生保障力度还需加大。妇女在就业、人身财产、婚姻家庭等方面平等权利的保障仍面临现实困难。妇女参与国家和经济文化社会事务管理的水平有待全面提升。针对妇女各种形式的歧视不同程度存在，性别平等观念有待进一步普及，妇女发展的社会环境需要进一步优化。让性别平等落到实处、推动妇女走在时代前列，使命艰巨、任重道远。

当前，我国正处于实现"两个一百年"奋斗目标的历史交汇期。统筹推进"五位一体"总体布局，协调推进"四个全面"战略布局，推进国家治理体系和治理能力现代化，为更高水平促进男女平等和妇女全面发展提供了重大机遇。贯彻以人民为中心的发展思想，坚持新发展理念，坚持系统观念，对充分发挥妇女在社会生活和家庭生活中的独特作用，显著增强妇女的获得感、幸福感、安全感提出了更高要求。世界百年未有之大变局加速演进，推动构建人类命运共同体，建设一个妇女免于歧视的世界，打造一个包容发展的社会，对推动全球性别平等事业发展提出了新的要求。必须在把握新发展阶段、贯彻新发展理念、构建新发展格局中，科学规划妇女全面发展的新目标新任务，健全完善制度机制，团结引领妇女建功新时代、奋进新征程。

依照宪法和民法典、妇女权益保障法等有关法律法规，按照国家经济社会发展的总体目标要求以及男女平等和妇女发展实际，参照联合国《消除对妇女一切形式歧视公约》和2030年可持续发展议程等国际公约和文件宗旨，制定本纲要。

一、指导思想、基本原则和总体目标

（一）指导思想。

高举中国特色社会主义伟大旗帜，深入贯彻党的十九大和十九届二中、三中、四中、五中全会精神，坚持以马克思列宁主义、毛泽东思想、邓小平理论、"三个代表"重要思想、科学发展观、习近平新时代中国特色社会主义思想为指导，坚定不移贯彻新发展理念，坚持以人民为中心的发展思想，坚持走中国特色社会主义妇女发展道路，贯彻落实男女平等基本国策，不断完善促进男女平等和妇女全面发展的制度机制，推动性别平等成为全社会共同遵循的行为规范和价值标准，充分发挥妇女在全面建设社会主义现代化国家中的"半边天"作用，保障妇女平等依法行使民主权利、平等参与经济社会发展、平等享有改革发展成果，推动妇女走在时代前列。

（二）基本原则。

1. 坚持党的全面领导。坚持妇女事业发展的正确政治方向，贯彻落实党中央关于妇女事业发展的决策部署，切实把党的领导贯穿到妇女事业发展的全过程和各方面。

2. 坚持妇女事业与经济社会同步协调发展。将促进妇女全面发展目标任务纳入国家和地方经济社会发展总体规划，纳入专项规划，纳入民生实事项目，同部署、同落实，让经济社会发展成果更多更公平惠及广大妇女。

3. 坚持男女两性平等发展。贯彻落实男女平等基本国策，在出台法律、制定政策、编制规划、部署工作时充分考虑两性的现实差异和妇女的特殊利益，营造更加平等、包容、可持续的发展环境，缩小男女两性发展差距。

4. 坚持促进妇女全面发展。统筹兼顾妇女在政治、经济、文化、社会和家庭各方面的发展利益，有效解决制约妇女发展的重点难点问题，统筹推进城乡、区域、群体之间妇女的均衡发展，协调推进妇女在各领域的全面发展。

5. 坚持共建共治共享。在统筹推进"五位一体"总体布局、协调推进"四个全面"战略布局中充分发挥妇女的重要作用，促进妇女积极投身高质量发展，踊跃参与国家治理体系和治理能力现代化进程，共享经济社会发展成果。

（三）总体目标。

男女平等基本国策得到深入贯彻落实，促进男女平等和妇女全面发展的制度机制创新完善。妇女平等享有全方位全生命周期健康服务，健康水平持续提升。妇女平等享有受教育权利，素质能力持续提高。妇女平等享有经济权益，经济地位稳步提升。妇女平等享有政治权利，参与国家和经济文化社会事务管理的水平逐步提高。妇女平等享有多层次可持续的社会保障，待遇水平稳步提高。支持家庭发展的法规政策体系更加完善，社会主义家庭文明新风尚广泛弘扬。男女平等理念更加深入人心，妇女发展环境更为优化。法治体系更加健全，妇女合法权益得到切实保障。妇女的获得感、幸福感、安全感显著提升。展望2035年，与国家基本实现社会主义现代化相适应，男女平等和妇女全面发展取得更为明显的实质性进展，妇女更好地担负起新时代赋予的光荣使命，为实现中华民族伟大复兴的中国梦而不懈奋斗。

二、发展领域、主要目标和策略措施

（一）妇女与健康。

主要目标：

1. 妇女全生命周期享有良好的卫生健康服务，妇女人均预期寿命延长，人均健康预期寿命提高。

2. 孕产妇死亡率下降到12/10万以下，城乡、区域差距缩小。

3. 妇女的宫颈癌和乳腺癌防治意识明显提高。宫颈癌和乳腺癌综合防治能力不断增强。适龄妇女宫颈癌人群筛查率达到70%以上，乳腺癌人群筛查率逐步提高。

4. 生殖健康和优生优育知识全面普及，促进健康孕育，减少非意愿妊娠。

5. 减少艾滋病、梅毒和乙肝母婴传播，艾滋病母婴传播率下降到2%以下。

6. 妇女心理健康素养水平不断提升。妇女焦虑障碍、抑郁症患病率上升趋势减缓。

7. 普及健康知识，提高妇女健康素养水平。

8. 改善妇女营养状况。预防和减少孕产妇贫血。

9. 提高妇女经常参加体育锻炼的人数比例，提高妇女体质测定标准合格比例。

10. 健全妇幼健康服务体系，提升妇幼健康服务能力，妇女健康水平不断提高。

策略措施：

1. 完善保障妇女健康的制度机制。全面推进健康中国建设，把保障人民健康放在优先发展的战略位置，坚持预防为主，深入实施"健康中国行动"和"健康中国母亲行动"，健全政府主导、部门协同、社会参与、行业监管、科技支撑的妇女健康保障工作机制。深入推进医疗、医保、医药联动改革，统筹改革监管体制，保障妇女获得高质量、有效率、可负担的医疗和保健服务。多渠道支持妇女健康事业发展。完善公共卫生应急管理体系，关注妇女的特殊需求。

2. 加强妇幼健康服务体系建设。健全以妇幼保健机构为核心、以基层医疗卫生机构为基础、以大中型医院和教学科研机构为支撑的妇幼健康服务网络，提升妇幼健康服务供给能力和水平。省、市、县级充分利用现有资源，加强政府举办、标准化的妇幼保健机构建设，全面开展妇幼保健机构绩效考核，强化考核结果应用，保障妇女儿童享有高质量的医疗保健服务。省、市、县级依托现有医疗机构，全面加强危重孕产妇救治中心建设，强化危重孕产妇救治保障。强化县、乡、村三级妇幼卫生服务网络建设，完善基层网底和转诊网络。加强复合型妇幼健康人才和产科、助产等岗位急需紧缺人才的培养使用。

3. 建立完善妇女全生命周期健康管理模式。针对青春期、育龄期、孕产期、更年期和老年期妇女的健康需求，提供全方位健康管理服务。坚持保健与临床结合，预防为主、关口前移，发挥多学科协作优势，积极发挥中医药在妇幼保健和疾病防治中的作用。为妇女提供宣传教育、咨询指导、筛查评估、综合干预和应急救治等全方位卫生健康服务，提高妇女健康水平和人均健康预期寿命。加强监管，促进妇幼健康新业态规范发展。

4. 保障孕产妇安全分娩。提倡科学备孕和适龄怀孕，保持适宜生育间隔，合理控制剖宫产率。完善医疗机构产科质量规范化管理体系。提供生育全程基本医疗保健服务，将孕产妇健康管理纳入基本公共卫生服务范围，孕产妇系统管理率达到90%以上。加强对流动孕产妇的管理服务。为低收入孕产妇住院分娩和危重孕产妇救治提供必要救助。持续推进高龄孕产妇等重点人群的分类管理和服务。全面落实妊娠风险筛查与评估、高危孕产妇专案管理、危急重症救治、孕产妇死亡个案报告和约谈通报制度。有效运行危重孕产妇救治网络，提高危急重症救治能力。

5. 完善宫颈癌和乳腺癌综合防治体系和救助政策。提高妇女的宫颈癌和乳腺癌防治意识和能力，宫颈癌和乳腺癌防治知识知晓率达到90%以上。推进适龄妇女人乳头瘤病毒疫苗接种试点工作。落实基本公共卫生服务中农村妇女宫颈癌和乳腺癌检查项目，促进70%的妇女在35—45岁接受高效宫颈癌筛查，督促用人单位落实女职工保健工作规定，定期进行女职工宫颈癌和乳腺癌筛查，提高人群筛查率。加强宫颈癌和乳腺癌筛查和诊断技术创新应用，提高筛查和服务能力，加强监测评估。强化筛查和后续诊治服务的衔接，促进早诊早治，宫颈癌患者治疗率达到90%以上。加强对困难患者的救助。

6. 提高妇女生殖健康水平。普及生殖道感染、性传播疾病等疾病防控知识。在学校教育不同阶段以多种形式开展科学、实用的健康教育，促进学生掌握生殖健康知识，提高自我保护能力。增强男女两性性道德、性健康、性安全意识，倡导共担避孕责任。将生殖健康服务融入妇女健康管理全过程，保障妇女享有避孕节育知情自主选择权。落实基本避孕服务项目，加强产后和流产后避孕节育服务，提高服务可及性，预防非意愿妊娠。推进婚前医学检查、孕前优生健康检查、增补叶酸等婚前孕前保健服务更加公平可及。减少非医学需要的人工流产。加强对女性健康安全用品产品的质量保障。规范不孕不育症诊疗服务。规范人类辅助生殖技术应用。

7. 加强艾滋病梅毒乙肝母婴传播防治。全面落实预防艾滋病、梅毒和乙肝母婴传播综合干预措施，提高孕早期检测率，孕产妇艾滋病、梅毒和乙肝检测率达到98%以上，艾滋病、梅毒孕产妇感染者治疗率达到95%以上。加大艾滋病防控力度，加强艾滋病防治知识和相关政策宣传教育，提高妇女的防范意识和能力。加强对妇女感染者特别是流动和欠发达地区妇女感染者的医疗服务，提高随访率。为孕产妇感染者及其家庭提供多种形式的健康咨询、心理和社会支持等服务。

8. 促进妇女心理健康。加强心理健康相关知识宣传，根据妇女需要开展心理咨询、评估和指导，促进妇女掌握基本的心理调适方法，预防抑郁、焦虑等心理问题。在心理健康和精神卫生服务体系建设中，重点关注青春期、孕产期、更年期和老年期妇女的心理健康。强化心理咨询和治疗技术在妇女保健和疾病防治中的应用。加大应用型心理健康和社会工作人员培养力度，促进医疗机构、心理健康和社会工作服务机构提供规范服务。鼓励社区为有需要的妇女提供心理健康服务支持。

9. 提升妇女健康素养。实施健康知识普及行动，加大妇女健康知识普及力度，建立完善健康科普专家库和资源库，持续深入开展健康科普宣传教育，规范发布妇女健康信息，引导妇女树立科学的健康理念，学习健康知识，掌握身心健康、预防疾病、科学就医、合理用药等知识技能。提高妇女参与传染病防控、应急避险的意识和能力。面向妇女开展控制烟草危害、拒绝酗酒、远离毒品宣传教育。引导妇女积极投身爱国卫生运动，养成文明健康生活方式。

10. 提高妇女营养水平。持续开展营养健康科普宣传教育，因地制宜开展营养和膳食指导，提高妇女对营养标签的知晓率，促进妇女学习掌握营养知识，均衡饮食、吃动平衡，预防控制营养不良和肥胖。面向不同年龄阶段妇女群体开发营养健康宣传信息和产品，提供有针对性的服务。开展孕产妇营养监测和定期评估，预防和减少孕产妇缺铁性贫血。预防控制老年妇女低体重和贫血。

11. 引导妇女积极参与全民健身行动。完善全民健身公共服务体系。引导妇女有效利用全民健身场地设施，积极参与全民健身赛事活动，加入各类健身组织。提倡机关、企事业单位开展工间操。鼓励支持工会组织、社区开展妇女健身活动，不断提高妇女的体育活动意识，培养运动习惯。

12. 强化妇女健康服务科技支撑。推进"互联网＋妇幼健康"，促进大数据、云计算、人工智能、计算机仿真技术等在妇女健康领域的创新应用。实施妇女人群健康管理和健康风险预警。促进信息技术在妇女健康领域专科医联体建设中的应用，加强医疗机构间的协作，促进分级诊疗和上下联动。促进妇女身心健康领域的科学研究和成果转化。发挥妇产疾病领域国家临床医学研究中心的作用。

（二）妇女与教育。

主要目标：

1. 加强思想政治教育，增进妇女对习近平新时代中国特色社会主义思想的政治认同、思想认同、情感认同，引领妇女做伟大事业的建设者、文明风尚的倡导者、敢于追梦的奋斗者。

2. 教育工作全面贯彻男女平等基本国策。

3. 大中小学性别平等教育全面推进，教师和学生的男女平等意识明显增强。

4. 女童平等接受义务教育，九年义务教育巩固率提高到96%以上。

5. 女性平等接受高中阶段教育，高中阶段教育毛入学率达到并保持在92%以上。

6. 女性接受职业教育的水平逐步提高。

7. 高校在校生中男女比例保持均衡，高等教育学科专业的性别结构逐步趋于平衡。

8. 大力培养女性科技人才。男女两性的科学素质水平差距不断缩小。

9. 促进女性树立终身学习意识，女性接受终身教育水平不断提高。

10. 女性青壮年文盲基本消除。女性平均受教育年限不断提高。

策略措施：

1. 面向妇女广泛开展思想政治教育。深入开展习近平新时代中国特色社会主义思想学习教育，加强党史、新中国史、改革开放史、社会主义发展史教育，加强爱国主义、集体主义、社会主义教育，促进妇女更加坚定理想信念，不断厚植爱国情怀，把个人理想追求融入党和国家事业大局，为全面建设社会主义现代化国家贡献力量。深化民族团结进步教育，铸牢中华民族共同体意识。充分发挥学校教育主阵地作用，将思想价值引领贯穿于教育教学及管理全过程和校园生活各方面，融入学校党组织、共青团、少先队各类主题教育和实践活动。充分发挥爱国主义教育基地和国防教育基地的思想政治教育作用。

2. 将贯彻落实男女平等基本国策体现在教育工作全过程。增强教育工作者自觉贯彻男女平等基本国策的主动性和能动性。将男女平等基本国策落实到教育法规政策和规划制定、修订、执行和评估中，落实到各级各类教育内容、教学过程、学校管理中。加强对教材编制、课程设置、教学过程的性别平等评估。在师范类院校课程设置和教学、各级各类师资培训中加入性别平等内容。

3. 推动各级各类学校广泛开展性别平等教育。适时出台性别平等教育工作指导意见。推动因地制宜开发性别平等课程，加强专题师资培训。促进性别平等教育融入学校教学内容、校园文化、社团活动和社会实践活动。探索构建学校教育、家庭教育、社会教育相结合的性别平等教育模式。

4. 保障女童平等接受义务教育的权利和机会。深化教育教学改革，加快城乡义务教育一体化发展，均衡配置教育资源，确保女童平等接受公平优质的义务教育。健全精准控辍保学长效机制，加强分类指导，督促法定监护人依法保障女童接受义务教育，切实解决义务教育女童失学辍学问题。保障欠发达地区女童、留守女童、农业转移人口随迁子女以及残疾女童的受教育权利和机会。支持学业困难女童完成义务教育，提高女童义务教育巩固率。

5. 提高女性接受普通高中教育的比例。保障女性特别是欠发达地区和农村低收入家庭女性平等接受普通高中教育的权利和机会。鼓励普通高中多样化有特色发展，满足女性全面发展和个性化发展需求。有针对性地开展学科选择和职业生涯规划指导，提高女性自主选择能力，破除性别因素对女性学业和职业发展的影响。

6. 促进女性接受高质量职业教育。完善学历教育与培训并重的现代职业教育体系，优化专业设置，提供多种学习方式，支持女性获得职业技能等级证书，培养复合型技术技能女性人才和能工巧匠、大国工匠。鼓励职业院校面向高校女毕业生、女农民工、去产能分流女职工等重点人群开展就业创业和职业技能培训。

7. 保障女性平等接受高等教育的权利和机会。严格控制招生过程中的特殊专业范围，强化监管，建立约谈、处罚机制。保持高校在校生中男女比例的均衡。采取激励措施，提高女性在科学、技术、工程、数学等学科学生中的比例，支持数理化生等基础学科基地和前沿科学中心建设，加强对基础学科拔尖女生的培养。

8. 大力提高女性科学素质。开展全民科学素质行动，利用现代信息化手段，加大面向女性的科学知识教育、传播与普及力度。开展女科学家进校园活动，发挥优秀女科技人才的榜样引领作用。引导中小学女生参加各类科普活动和科技竞赛，培养科学兴趣、创新精神和实践能力。鼓励女大学生积极参与项目设计、社会实践、创新创业、科技竞赛等活动。深入实施农村妇女素质提升计划，支持农村妇女参与农业农村现代化建设。

9. 大力加强女性科技人才培养。探索建立多层次女性科技人才培养体系，培养具有国际竞争力的女性科技人才。关注培养义务教育阶段女生爱科学、学科学的兴趣和志向。引导高中阶段女生养成科学兴趣和钻研精神，支持有意愿的女生报考理工类院校。加大女性创新型、应用型人才培养力度，鼓励女大学生参与科研项目，在实践中培养科学精神和创新能力。引导女性从事科学和技术相关工作，增加女性科技人才参与继续教育和专业培训的机会。

10. 为女性终身学习提供支持。建立完善更加开放灵活的终身学习体系，完善注册学习、弹性学习和继续教育制度，拓宽学历教育渠道，满足女性多样化学习需求，关注因生育中断学业和职业女性的发展需求。建立健全国家学分银行和学习成果认定制度。扩大教育资源供给，为女性提供便捷的社区和在线教育，为进城务工女性、女性新市民、待业女性等提供有针对性的职业技能培训。

11. 持续巩固女性青壮年扫盲成果，加大普通话推广力度。完善扫盲工作机制，加强国家通用语言文字教育，消除女童辍学现象，杜绝产生女性青壮年新文盲。普通话培训及各类职业培训向欠发达地区妇女和残疾妇女等群体倾斜。深化扫盲后的继续教育。提高妇女平均受教育年限。

12. 加强女性学研究和人才培养。加强女子高校建设，推动有条件的高校开设妇女研究及性别平等相关课程。培养具有跨学科知识基础和性别平等意识的专业人才。加大对妇女理论研究的支持力度，加强跨学科研究，提高国家社科基金项目等重大研究项目中妇女或性别研究相关选题的立项比例。

13. 构建平等尊重和安全友善的校园环境。促进建立相互尊重、平等和睦的师生、同学关系，鼓励学校设置生命教育、心理健康教育和防性侵、防性骚扰的相关课程，提高学生的自我保护意识和能力。中小学校建立完善预防性侵未成年人工作机制，高校建立完善预防性侵和性骚扰工作机制，加强日常管理、预防排查、投诉受理和调查处置。加强师德师风建设，履行查询法定义务，对不符合条件的教职人员进行处置。

（三）妇女与经济。

主要目标：

1. 鼓励支持妇女为推动经济高质量发展贡献力量，妇女平等参与经济发展的权利和机会得到保障。

2. 促进平等就业，消除就业性别歧视。就业人员中的女性比例保持在45%左右。促进女大学生充分就业。

3. 优化妇女就业结构。城镇单位就业人员中的女性比例达到40%左右。

4. 促进女性人才发展。高级专业技术人员中的女性比例达到40%，促进女性劳动者提升职业技能水平。

5. 保障妇女获得公平的劳动报酬，男女收入差距明显缩小。

6. 保障女性劳动者劳动安全和健康。女职工职业病发病率明显降低。

7. 保障农村妇女平等享有土地承包经营权、宅基地使用权等权益，平等享有农村集体经济组织收益分配、土地征收或征用安置补偿权益。

8. 巩固拓展脱贫攻坚成果，增强农村低收入妇女群体的可持续发展能力。

9. 妇女在实施乡村振兴战略中的作用充分发挥。

策略措施：

1. 完善保障妇女平等获得经济资源、参与经济建设、享有经济发展成果的法律法规政策。制定实施支持女性科技人才在创新发展中发挥更大作用的政策措施。创新制度机制，保障妇女在就业创业、职业发展、劳动报酬、职业健康与安全、职业退出、土

110

地等方面的权益，保障新业态从业人员劳动权益，为妇女充分参与经济高质量发展创造有利条件。

2. 加大消除就业性别歧视工作力度。全面落实消除就业性别歧视的法律法规政策，创造性别平等的就业机制和市场环境。对招聘、录用环节涉嫌性别歧视的用人单位进行联合约谈，依法惩处。督促用人单位加强就业性别歧视自查自纠。发挥劳动保障法律监督作用，对涉嫌就业性别歧视的用人单位提出纠正意见，或者向相关行政部门提出处理建议。依法受理涉及就业性别歧视的诉讼。发挥行业协会、商会协调监督作用，提高行业自律意识。党政机关、国有企事业单位在招录（聘）和职工晋职晋级、评定专业技术职称等方面发挥男女平等的示范引领作用。

3. 促进妇女就业创业。健全公共就业服务体系，深化就业服务专项活动，促进妇女就业的人岗对接。充分发挥现代服务业和新业态吸纳妇女就业的功能，支持妇女参与新业态新模式从业人员技能培训。加大帮扶力度，多渠道帮助就业困难妇女实现就业。扶持民族传统手工艺品产业发展，提高组织化程度，促进各族妇女就地就近就业。支持女性科技人才投身科技创业，发展农村电子商务，鼓励外出务工妇女返乡创业，支持有意愿的妇女下乡创业。创新金融、保险产品和服务模式，拓宽妇女创业融资渠道。

4. 促进女大学生就业创业。加强职业生涯规划指导服务，引导女大学生树立正确的择业就业观，提升就业能力。完善落实就业创业支持政策，高校和属地政府提供不断线的就业服务，拓宽女大学生市场化社会化就业渠道。鼓励女大学生到基层、中小微企业或新经济领域就业。推广女大学生创业导师制，开展女大学生创新创业大赛，支持女大学生创业。对有就业意愿的离校未就业女毕业生提供就业帮扶。

5. 改善妇女就业结构。完善终身职业技能培训制度，提升妇女职业技能水平，大力培育知识型、技能型、创新型女性劳动者。不断提高妇女在高新技术产业、战略性新兴产业和现代服务业从业人员中的比例。逐步消除职业性别隔离，提高城镇单位就业人员中的女性比例。扩大农村妇女转移就业规模，缩小男女转移就业差距。

6. 加强女性专业技术和技能人才队伍建设。制定相关政策，强化制度保障，支持女性科技人才承担科技计划项目、参与科技决策咨询、拓展科研学术网络、提升国际影响力和活跃度，完善女性科技人才评价激励机制，培养高层次女性科技人才。实施科技创新巾帼行动，搭建平台、提供服务，激励女性科技人才、技术技能人才立足岗位锐意创新。加强对女性专业技术和技能人才专业知识、科研管理、创新创业等的培训。加强典型宣传，发挥榜样引领作用。

7. 缩小男女两性收入差距。全面落实男女同工同酬，保障收入公平。促进女性对知识、技术、管理、数据等生产要素的掌握和应用，提高女性职业竞争力。督促用人单位制定实施男女平等的人力资源制度，畅通女性职业发展和职务职级晋升通道。探索开展薪酬调查，加强对收入的分性别统计，动态掌握男女两性收入状况。

8. 改善女性劳动者劳动安全状况。广泛开展劳动安全和健康宣传教育，加大《女职工劳动保护特别规定》宣传执行力度，提高用人单位和女性劳动者的劳动保护和安全生产意识。将女职工劳动保护纳入职业健康和安全生产监督管理范围，加强对用人单位的劳动保障监察以及劳动安全和职业健康监督。督促用人单位加强对女职工经期、孕期、哺乳期的特殊保护，落实哺乳时间和产假制度。督促用人单位加强职业防护和职业健康监督保护，保

112

障女职工在工作中免受有毒有害物质和危险生产工艺的危害。

9. 保障女职工劳动权益。督促用人单位规范用工行为，依法与女职工签订劳动合同，推动签订女职工权益保护专项集体合同。加强劳动保障法律监督。指导用人单位建立预防和制止性骚扰工作机制，完善相关执法措施。加强劳动用工领域信用建设，加大对侵犯女职工劳动权益行为的失信惩戒力度。推动有条件的劳动人事争议仲裁机构设立女职工维权仲裁庭，依法处理女职工劳动争议案件。

10. 为女性生育后的职业发展创造有利条件。禁止用人单位因女职工怀孕、生育、哺乳而降低工资、恶意调岗、予以辞退、解除劳动（聘用）合同，推动落实生育奖励假期间的工资待遇，定期开展女职工生育权益保障专项督查。为女性生育后回归岗位或再就业提供培训等支持。高校、研究机构等用人单位探索设立女性科研人员生育后科研回归基金。推动用人单位根据女职工需要建立女职工哺乳室、孕妇休息室等设施。支持有条件的用人单位为职工提供福利性托育托管服务。

11. 保障农村妇女平等享有各项经济权益。在农村土地承包工作中，依法保障农村妇女权益。在宅基地使用权确权登记颁证工作中保障农村妇女权益，确保应登尽登。建立健全农村集体资产管理制度，规范农村集体经济组织成员身份确认办法，完善包括征地补偿安置在内的农村集体经济组织资产收益内部分配机制，保障妇女在农村集体经济组织资产股权量化、权益流转和继承等各环节，作为农村集体经济组织成员和家庭成员平等享有知情权、参与决策权和收益权。保障进城落户女农民的经济权益。畅通经济权益受侵害农村妇女的维权渠道。

12. 支持脱贫妇女稳定增加收入。建立农村低收入人口和欠发达地区帮扶机制。健全防止返贫监测和帮扶机制。扶持发展适合城乡低收入妇女自主发展的手工编织、农村电商等特色产业项目。通过致富带头人培育、帮扶车间建设和以工代赈等方式，支持农村妇女就地就近就业、实现增收致富。

13. 支持妇女积极参与乡村振兴。积极发挥妇女在农村一二三产业融合发展和农业农村现代化建设中的作用。大力开展现代农业示范基地建设，深入实施乡村振兴巾帼行动。发挥农村创业创新园区（基地）等平台作用，鼓励支持妇女创办领办新型农业经营主体和农业社会化服务组织。加强高素质女农民培育，引导女农民争做乡村工匠、文化能人、手工艺人、农技协领办人和新型农业经营管理能手。

（四）妇女参与决策和管理。

主要目标：

1. 保障妇女参与社会主义民主政治建设和社会治理，提升参与水平。

2. 中国共产党女党员保持合理比例。中国共产党各级党员代表大会中女党员代表比例一般不低于本地区党员总数中女性比例。

3. 各级人大代表和常委会委员中的女性比例逐步提高。各级政协委员和常委中的女性比例逐步提高。

4. 县级以上地方政府领导班子中的女干部比例逐步提高，担任正职的女干部占同级正职干部的比例逐步提高。

5. 国家机关部委和县级以上地方政府部门领导班子中的女干部比例逐步提高，担任正职的女干部占同级正职干部的比例逐步提高。

6. 各级各类事业单位领导班子成员中的女性比例逐步提高。

7. 企业董事会、监事会成员及管理层中的女性比例逐步提高。企事业单位职工代表大会中女性比例与女职工比例相适应。

114

8. 村党组织成员、村党组织书记中女性比例逐步提高。村委会成员中女性比例达到30%以上，村委会主任中女性比例逐步提高。

9. 社区党组织成员、社区党组织书记中女性比例逐步提高。社区居委会成员中女性比例保持在50%左右，社区居委会主任中女性比例达到40%以上。

10. 鼓励支持女性参加社会组织、担任社会组织负责人。

策略措施：

1. 加大对妇女参与决策和管理的支持力度。充分发挥妇女参与国家和社会事务管理的重要作用，破除制约妇女参与决策和管理的障碍，促进妇女参与决策和管理水平与妇女地位作用相适应。加大培训力度，提高各级领导干部贯彻落实男女平等基本国策的意识，把推动妇女参政纳入重要议程，提出目标举措。采取有效措施，提升各级党委、人大、政府、政协、党政工作部门以及企事业单位、基层群众自治组织和社会组织中的女性比例。

2. 提高妇女参与社会事务和民主管理的意识和能力。开展女性领导干部政治素质和领导能力培训。鼓励高校开设领导力相关课程，培养年轻女性的政治素养及参与决策和管理的意识。加大基层妇女骨干培训力度，提高妇女在自治、法治、德治中的参与意识和能力，鼓励妇女积极参与村（居）民议事会、理事会等自治组织，推进城乡社区妇女议事会实现全覆盖并有效运行，发挥妇女在城乡基层治理中的积极作用。探索打造妇女网上议事平台，引导妇女积极、有序参与基层民主管理和基层民主协商。

3. 重视发展中国共产党女党员。面向妇女深入开展思想政治工作，扩大党的妇女群众基础，培养对党的感情，深化对党的认识，引导拥护党的主张，激发妇女入党的政治意愿。加强对入党积极分子的培养教育。注重从各行各业青年女性中发展党员。在

115

党代表候选人酝酿过程中，充分关注政治过硬、作风优良、敢于担当、实绩突出的优秀妇女，确保党员代表大会中女党员代表保持合理比例。

4. 提高人大女代表、政协女委员比例。落实人大代表选举规则和程序，在选区划分、代表名额分配、候选人推荐、选举等环节，保障妇女享有平等权利和机会。重视从基层、生产一线推荐人大代表女性候选人，候选人中应当有适当数量的妇女代表，并逐步提高妇女代表的比例。提名推荐、协商确定政协委员建议名单时，保障提名一定比例的妇女。充分发挥人大女代表、政协女委员在发展社会主义民主政治和男女平等事业中的积极作用。

5. 加大培养选拔女干部工作力度。培养忠诚干净担当的高素质专业化女干部，促进女干部不断增强学习本领、政治领导本领、改革创新本领、科学发展本领、依法执政本领、群众工作本领、狠抓落实本领、驾驭风险本领。优化女干部成长路径，注重日常培养和战略培养，为女干部参加教育培训、交流任职、挂职锻炼创造条件和机会。注重从基层、生产一线培养选拔女干部，注重选拔女干部到重要部门、关键岗位担任领导职务。注重保持优秀年轻干部队伍中女干部的合理比例。落实女干部选拔配备的目标任务，在保证质量的前提下实现应配尽配。保障妇女在干部录用、选拔、任（聘）用、晋升、退休各环节不因性别受到歧视。

6. 推动妇女积极参与事业单位决策管理。培养选拔优秀女性专业技术人员进入决策管理层。重视在卫生、教育、文化等女性集中的行业提高决策管理层中的女性比例，鼓励妇女积极参与本单位党建和群团组织建设，促进事业单位职工代表大会中的女职工代表比例与事业单位女职工比例相适应。在深化事业单位改革进程中，确保妇女在岗位晋升、职员晋级、职称评聘等方面享有

116

平等的权利和机会。

7. 推动妇女广泛参与企业决策管理。将女干部选拔配备纳入国有企业领导班子和干部队伍建设规划，加大培养、选拔、使用力度。在深化企业人事制度改革进程中，采用组织推荐、公开招聘、民主推荐等方式，促进优秀妇女进入企业董事会、监事会和管理层。完善企业民主管理制度，促进企业职工代表大会中女职工代表比例与企业女职工比例相适应，支持女职工通过职工代表大会等形式参与企业民主决策、民主管理和民主监督。企业制定相关规章制度，对涉及女职工权益的事项，听取工会女职工委员会的意见，依法经职工代表大会审议通过。

8. 推动妇女有序参与城乡基层社会治理。注重从女致富能手、经商务工女性、乡村女教师女医生、女社会工作者、女大学生村官、女退休干部职工等群体中培养选拔村（社区）干部。在村（社区）"两委"换届工作中，通过提名确定女性候选人、女性委员专职专选、女性成员缺位增补等措施，提高村（居）委会成员、村（居）委会主任中的女性比例。组织妇女积极参与村规民约、居民公约的制定修订，开展协商议事活动。促进新社会阶层、社会工作者和志愿者中的女性积极参与社会治理。

9. 支持引导妇女参加社会组织。优化社会组织发展的制度环境，加大对以女性为成员主体或以女性为主要从业人员的社会组织的培育力度，加强支持和指导服务，促进其健康有序发展并积极参与社会组织协商。鼓励支持更多女性成为社会组织成员或从业人员，加强对社会组织女性专业人才和管理人才的培养，注重发现培养社会组织女性负责人。

10. 发挥妇联组织在推进国家治理体系和治理能力现代化进程中的作用。支持妇联组织履行代表妇女参与管理国家事务、经济文化事业和社会事务的职责，强化妇联组织参与民主决策、民主管理、民主监督，参与制定有关法律、法规、规章和政策，参与社会治理和公共服务的制度保障。在制定有关促进男女平等和保障妇女合法权益的法律法规政策以及培养选拔女干部工作中，充分听取妇联组织意见和建议。

（五）妇女与社会保障。

主要目标：

1. 妇女平等享有社会保障权益，保障水平不断提高。

2. 完善生育保障制度。提高生育保险参保率。

3. 完善医疗保障体系。妇女基本医疗保险参保率稳定在95%以上，待遇保障公平适度。

4. 完善养老保险制度体系。妇女基本养老保险参保率提高到95%，待遇水平稳步提高。

5. 完善失业保险和工伤保险制度。提高妇女失业保险和工伤保险参保人数，落实相关待遇保障。

6. 健全分层分类社会救助体系。困难妇女的生活得到基本保障。

7. 妇女福利待遇水平持续提高，重点向老年妇女、残疾妇女等群体倾斜。

8. 建立完善多层次养老服务和长期照护保障制度。保障老年妇女享有均等可及的基本养老服务，对失能妇女的照护服务水平不断提高。

9. 加强对妇女的关爱服务，重点为有困难、有需求的妇女提供帮扶。

策略措施：

1. 完善惠及妇女群体的社会保障体系。在制定修订社会救助、社会保险等相关法律法规以及健全覆盖全民的社会保障体系工作中，关切和保障妇女的特殊利益和需求。持续推动社会保险

118

参保扩面，支持灵活就业女性参加相应社会保险，实现应保尽保，缩小社会保障的性别差距。建立国家级社会保险全民参保登记信息库，加强社会保障分性别统计、信息动态监测和管理。

2. 完善覆盖城乡妇女的生育保障制度。巩固提高生育保险覆盖率，完善生育保险生育医疗费用支付及生育津贴政策。妥善解决妇女在就业和领取失业金期间生育保障问题。提高生育保险与职工基本医疗保险合并实施成效。加强城乡居民生育医疗费用保障。

3. 不断提高妇女医疗保障水平。推动女职工和城乡女性居民持续参加基本医疗保险，满足妇女基本医疗保障需求。统筹发挥基本医保、大病保险、医疗救助三重制度综合保障作用，促进多层次医疗保障互补衔接，做好符合条件的低收入妇女医疗救助。推进建立女职工医疗互助，充分发挥商业保险对宫颈癌、乳腺癌等重大疾病的保障作用。

4. 促进妇女享有可持续多层次养老保险。建立完善基本养老保险全国统筹制度。督促用人单位依法为包括女职工在内的全体职工及时足额缴纳基本养老保险费，不断增加妇女参加基本养老保险的人数，促进妇女依法公平享有基本养老保险权益。鼓励有条件的用人单位为包括女职工在内的全体职工建立企业年金，丰富商业养老保险产品，提高妇女养老保险水平。

5. 保障女性失业保险权益。督促用人单位依法为女职工办理失业保险，提高女职工特别是女农民工的参保率。保障符合条件的失业女职工按时享受失业保险待遇。强化失业保险促就业防失业功能，支持女职工稳定就业。适时制定特殊时期失业保障政策，为包括女职工在内的劳动者提供失业保障。

6. 扩大妇女工伤保险覆盖面。增强工伤保险预防工伤、保障生活、促进康复的功能，推进新就业形态人员职业伤害保障试点，将新业态就业妇女纳入保障范围。督促用人单位特别是高风险行业单位依法为女职工办理工伤保险，确保落实工伤保险待遇。

7. 强化社会救助对生活困难妇女的兜底保障。推进法律实施，强化政策衔接，健全基本生活救助制度和医疗救助、教育救助、住房救助、就业救助、受灾人员救助等专项救助制度，健全临时救助政策措施，强化急难社会救助功能，积极发展服务类社会救助，推进政府购买社会救助服务，确保符合条件的妇女应救尽救。鼓励、支持慈善组织依法依规为生活困难妇女提供救助帮扶。推动建立统一的救助信息平台，加强社会救助分性别统计，精准识别救助对象。

8. 更好满足妇女群体的社会福利需求。完善经济困难高龄失能老年人补贴制度，落实各项补贴待遇，逐步提升老年妇女福利水平。完善残疾人补贴制度，动态调整、合理确定困难残疾人生活补贴和重度残疾人护理补贴标准，扩大适合残疾妇女特殊需求的公共服务供给。

9. 保障妇女享有基本养老服务。加快建设居家社区机构相协调、医养康养相结合的养老服务体系，大力发展普惠型养老服务。完善社区居家养老服务网络，推进公共设施适老化改造，推动专业机构服务向社区和家庭延伸。提升公办养老机构服务能力和水平，完善公建民营管理机制，结合服务能力适当拓展服务对象，重点为经济困难的失能失智、计划生育特殊家庭老年人提供托养服务。促进养老机构提供多元化、便利化、个性化服务，提高老年妇女生活照料、紧急救援、精神慰藉等服务水平。支持社会力量扩大普惠型养老服务供给，支持邻里之间的互助性养老。加大养老护理型人才培养力度，建设高素质、专业化的养老服务队伍。

10. 探索建立多层次长期照护保障制度。稳步建立长期护理保险制度，将符合条件的失能妇女按规定纳入保障范围，妥善解决其护理保障问题。加强长期护理保险制度与长期照护服务体系有机衔接。探索建立相关保险、福利、救助相衔接的长期照护保障制度，扩大养老机构护理型床位供给，提高护理服务质量。为家庭照料者提供照护培训、心理疏导等支持。

11. 提高对妇女的关爱服务水平。开展农村留守妇女关爱行动。对农村留守妇女进行摸底排查，建立完善以县级为单位的信息台账。积极为农村留守妇女创业发展搭建平台、提供服务。支持农村留守妇女参与乡村振兴和家庭文明建设，在乡村治理、邻里互助、留守老人儿童关爱服务中发挥积极作用。完善特殊困难失能留守老年人探访关爱制度，不断拓展对妇女群体的关爱服务，支持社会力量参与，重点为生活困难、残疾、重病等妇女群体提供权益保护、生活帮扶、精神抚慰等关爱服务。

（六）妇女与家庭建设。

主要目标：

1. 树立新时代家庭观，弘扬爱国爱家、相亲相爱、向上向善、共建共享的社会主义家庭文明新风尚，推动社会主义核心价值观在家庭落地生根。

2. 建立完善促进男女平等和妇女全面发展的家庭政策体系，增强家庭功能，提升家庭发展能力。

3. 拓展支持家庭与妇女全面发展的公共服务。

4. 注重发挥家庭家教家风在基层社会治理中的重要作用。

5. 充分发挥妇女在家庭生活中的独特作用，弘扬中华民族家庭美德、树立良好家风，支持妇女成为幸福安康家庭的建设者、倡导者。

6. 倡导构建男女平等、和睦、文明的婚姻家庭关系，降低婚姻家庭纠纷对妇女发展的不利影响。

7. 倡导和支持男女共担家务，缩小两性家务劳动时间差距。

8. 支持家庭承担赡养老人责任，不断提升老年妇女家庭生活质量。

9. 促进夫妻共同承担未成年子女的抚养、教育、保护责任，为未成年子女身心发展创造良好家庭环境。

策略措施：

1. 促进家庭成员践行社会主义核心价值观。加强教育引导、舆论宣传、文化熏陶、实践养成，宣传尊老爱幼、男女平等、夫妻和睦、勤俭持家、邻里团结等家庭美德，弘扬中华民族优秀传统家风、革命前辈红色家风、践行社会主义核心价值观的现代家风，营造平等、文明、和谐、稳定的家庭环境，实现共建共享的家庭追求，引导妇女和家庭成员自觉把家庭梦融入中国梦。

2. 制定出台促进男女平等和妇女全面发展的家庭政策。完善人口生育相关法律法规政策，推动生育政策与经济社会政策配套衔接。研究推动将3岁以下婴幼儿照护服务费用纳入个人所得税专项附加扣除、住房等方面支持政策，减轻家庭生育、养育、教育负担。完善幼儿养育、青少年发展、老人赡养、病残照料等政策，形成支持完善家庭基本功能、促进男女平等和妇女全面发展的家庭政策体系，增强家庭发展能力。完善产假制度，探索实施父母育儿假。建立促进家庭发展的政策评估机制。

3. 大力发展家庭公共服务。发展普惠托育服务体系，综合运用土地、住房、财政、金融、人才等支持政策，扩大托育服务供给。加快完善养老、家政等服务标准，推动婚姻家庭辅导服务、家庭教育指导服务普惠享有，提升面向家庭的公共服务水平。通过政府购买服务等方式，引导社会力量开展家庭服务，满足家庭日益增长的个性化、多元化需求。重点为经济困难、住房困难、临时遭遇困难家庭和残疾人家庭等提供支持，加大对计划生育特殊家庭的帮扶保障力度，加强对退役军人家庭的支持和保障。城市社区综合服务设施实现全覆盖。加强社区托育服务设施建设，完善社区养老托育、家政物业等服务网络。发展数字家庭。

4. 推动家庭家教家风在基层社会治理中发挥重要作用。构建党委领导、政府主导、部门合作、家庭尽责、社会参与的家庭建设工作格局。将建设好家庭、实施好家教、弘扬好家风纳入基层社会治理体系以及基层社会治理评价考核内容。鼓励家庭成员履行家庭和社会责任。增进政府治理和社会调节、居民自治良性互动，以千千万万家庭的好家风支撑起全社会的好风气。

5. 鼓励支持妇女在家庭生活中发挥独特作用。深化实施"家家幸福安康工程"，鼓励妇女带领家庭成员积极参与文明家庭、五好家庭、最美家庭等群众性精神文明建设活动，参与绿色家庭创建，提升健康素养，践行绿色、低碳、循环、可持续的生活方式，养成勤俭节约的好习惯，杜绝浪费。推进平安家庭、无烟家庭建设。

6. 促进婚姻家庭关系健康发展。面向家庭开展有关法律法规政策宣传，促进男女平等观念在婚姻家庭关系建设中落实落地，倡导夫妻平等参与家庭事务决策，反对一切形式的家庭暴力。开展恋爱、婚姻家庭观念教育，为适龄男女青年婚恋交友、组建家庭搭建平台，推广婚姻登记、婚育健康宣传教育、婚姻家庭关系辅导等"一站式"服务。广泛开展生育政策宣传。推进移风易俗，保障各民族妇女的婚姻自由，抵制早婚早育、高价彩礼等现象，选树宣传婚事新办典型，引导改变生男偏好，构建新型婚育文化。加强对广播电视、网络等婚恋活动和服务的规范管理。

7. 加强婚姻家庭纠纷预防化解工作。健全婚姻家庭纠纷预防化解工作机制，发挥综治中心和网格化服务管理作用，强化衔接联动，加强婚姻家庭纠纷预测预防预警，健全纠纷排查调处制度。推进县（市、区、旗）建立健全婚姻家庭纠纷人民调解委员会，建设人民调解员队伍，搭建"互联网+"纠纷预防化解工作平台，支持社会力量参与，提供多元便捷服务。推进家事审判制度改革，加强诉调对接平台建设，构建新型家事纠纷综合协调解决模式。

8. 促进男女平等分担家务。倡导夫妻在家务劳动中分工配合，共同承担照料陪伴子女老人、教育子女、料理家务等家庭责任，缩小两性家务劳动时间差距。促进照料、保洁、烹饪等家务劳动社会化，持续推动家政服务业提质扩容增效，发展婴幼儿照护服务和失能失智老年人长期照护服务，增强家庭照护能力，研发家务劳动便利化产品。督促用人单位落实探亲假、职工带薪休假、配偶陪产假等制度，鼓励用人单位实施灵活休假和弹性工作制度，创造生育友好的工作环境，支持男女职工共同履行家庭责任。

9. 提高老年妇女的家庭生活质量。倡导养老、孝老、敬老的家庭美德，支持家庭履行赡养老人的主体责任。鼓励子女与老年人共同生活或就近居住，为长期照护老年人的家庭成员提供"喘息服务"。督促用人单位保障赡养义务人的探亲休假权利，推动建立子女护理假制度。建立完善社区老年人关爱服务机制。发展银发经济，推进智慧健康养老，满足老年妇女生活需要。依法保障老年妇女婚姻自由和家庭财产权利。

10. 增强父母共同承担家庭教育责任的意识和能力。推进家庭教育立法及实施，促进父母共同落实家庭教育主体责任，创造有利于未成年子女健康成长和发展的家庭环境。开展宣传培训，帮助父母树立科学家庭教育理念，摒弃"重智轻德"等观念，掌握科学知识和方法，注重言传身教，关注未成年子女身心健康，提高家庭科学育儿能力。鼓励父母加强亲子交流，共同陪伴未成年子女成长。

（七）妇女与环境。

主要目标：

1. 提高妇女的思想政治意识，引导妇女积极践行社会主义核心价值观。

2. 提升全社会的性别平等意识，推进男女平等基本国策宣传教育进机关、进学校、进企业、进城乡社区、进家庭。

3. 健全文化与传媒领域的性别平等评估和监管机制。

4. 全面提升妇女的媒介素养，提高妇女利用信息技术参与新时代经济社会高质量发展的能力。

5. 提高妇女的生态文明意识，促进妇女践行绿色发展理念，做生态文明建设的推动者和践行者。

6. 减少环境污染对妇女健康的危害。农村自来水普及率达到90%，提升城市集中式饮用水水源水质。

7. 稳步提高农村卫生厕所普及率，城镇公共厕所男女厕位比例标准化建设与实际需求相适应。

8. 妇女应对突发事件能力不断提高，作用得到发挥，特殊需求得到满足。

9. 广泛参与妇女领域的国际交流与合作，全面提升我国在国际妇女事务中的影响力。

策略措施：

1. 加强对妇女的思想政治引领。坚持用习近平新时代中国特色社会主义思想引领妇女，持续开展中国特色社会主义和中国梦宣传教育，发挥新时代文明实践中心、主流媒体、妇女之家等阵地作用，推动理想信念教育常态化制度化，弘扬党和人民在各个历史时期奋斗中形成的伟大精神，激发妇女的历史责任感和主人翁精神，引导妇女听党话、跟党走，增强"四个意识"、坚定

"四个自信"、做到"两个维护"。通过教育联系服务，凝聚青年女性、知识女性、新兴产业从业女性和活跃在网络空间中的女性。通过培养、评选、表彰、宣传妇女先进集体和个人，激励妇女崇尚先进、学习先进、争当先进。通过深化东中部地区与西部民族地区对口支援和交流合作，促进各族妇女广泛交往深度交融。

2. 开展以男女平等为核心的先进性别文化宣传教育。将构建先进性别文化纳入繁荣社会主义先进文化制度体系。大力宣传新时代妇女在社会生活和家庭生活中的独特作用，宣传优秀妇女典型和性别平等优秀案例。推动各级干部学习习近平总书记关于妇女和妇女工作的重要论述以及马克思主义妇女观、男女平等基本国策。在机关、学校、企业、城乡社区、家庭以多种形式开展男女平等基本国策宣传教育，让性别平等成为全社会共同遵循的行为规范和价值标准。

3. 促进妇女共建共享精神文明创建和城乡人居环境改善成果。丰富优质文化产品和公共文化服务供给，满足妇女精神文化需求。鼓励妇女积极参与城市文明建设，将妇女参与程度和满意度纳入文明城市评选内容。引导妇女在文明单位创建中爱岗敬业，争做文明职工。促进妇女参与文明村镇创建，主动参与农村人居环境整治提升、农村文化发展、文明乡风培育和乡村社会治理。推进城乡公共文化服务体系一体建设，创新实施文化惠民工程，惠及城乡妇女。

4. 加强文化与传媒领域的性别平等培训、评估和监管。开展对文化传媒工作者和传媒相关专业学生的性别平等培训，提升文化与传媒领域性别平等传播能力。加强对公共文化产品和传媒涉及性别平等内容的监测和监管，吸纳性别专家参与相关评估，消除网络媒体、影视产品、公共出版物等中出现的歧视贬抑妇女、侮辱妇女人格尊严、物化妇女形象等不良现象，规范网络名人和公众账号传播行为。完善违规行为警示记录系统，优化线上舆情预警和线下评估处置机制。

5. 引导妇女提高媒介素养。利用妇女之家、图书馆、网络课堂等开展面向妇女的媒介素养培训和指导，加强妇女网络素养教育，提升妇女对媒介信息选择、判断和有效利用的能力，提升妇女网络安全意识和能力，消除性别数字鸿沟。加强学生网络素养教育，引导女生合理安全使用网络，提升自我保护能力，防止网络沉迷。重点帮助老年妇女、困难妇女和残疾妇女群体掌握网络基本知识技能。开展争做"巾帼好网民"活动，推动妇女弘扬网上正能量。

6. 充分发挥妇女在生态文明建设中的重要作用。广泛开展生态文化宣传教育和实践活动，引导妇女树立生态文明意识，提高环境科学素养，掌握环境科学知识，提升妇女生态环境保护意识和能力。鼓励妇女引领绿色生产生活，养成节约适度、绿色低碳、文明健康的生活方式和消费模式，杜绝浪费。支持妇女参与生态环境治理。

7. 持续改善妇女生活的环境质量。加强生态环境监测和健康监测，开展环境污染因素影响研究，监测分析评估环境政策、基础设施项目、生产生活学习环境等对妇女健康的影响。推进城乡生活环境治理，推进城镇污水管网全覆盖，开发利用清洁能源，推行垃圾分类和减量化、资源化，推广使用节能环保产品。

8. 为城乡妇女享有安全饮水提供保障。引导妇女积极参与水源保护。推进城市集中式饮用水水源地规范化建设，加强水源保护和水质监测，守护饮水安全命脉。加强水利基础设施建设，实施农村供水保障工程，提升水资源优化配置能力，为妇女取水、用水提供便利。

9. 加强符合妇女需求的卫生厕所建设。推进城镇公共厕所改造，完善落实城镇公共厕所设计标准，推动将男女厕位比例规范化建设和达标率纳入文明城市、文明社区、文明村镇、文明单位、文明校园的评选标准。分类有序推进农村厕所革命，稳步提高卫生厕所普及率，加强厕所粪污无害化处理与资源化利用。推动旅游景区、商场、客运枢纽和服务区等公共场所建设第三卫生间。

10. 在突发事件应对中关切妇女特别是孕期、哺乳期妇女及困难妇女群体的特殊需求。在突发事件应急体系建设、预防和应急处置机制建设、相关应急预案和规划制订中统筹考虑妇女特殊需求，优先保障女性卫生用品、孕产妇用品和重要医用物资供给。面向妇女开展突发事件预防应对知识和自救互救技能指导培训，提高妇女的防灾减灾意识和自救互救能力。在应对突发事件中加强对有需求妇女群体的救助服务和心理疏导。引导妇女积极参与防灾减灾工作。

11. 积极促进国际妇女事务交流与合作。认真履行关于促进男女平等与妇女全面发展的国际公约和文件，积极落实联合国2030年可持续发展议程涉及性别平等相关目标。参与全球促进性别平等事业，提升我国的话语权和影响力，开展国际交流合作，促进妇女发展交流互鉴，讲好中国妇女发展故事，宣传中国妇女事业发展成就。积极主办和参与涉及妇女议题的各类国际会议，推动发展妇女民间外交，持续打造我国妇女人文交流品牌，在国际舞台上展现中国形象。支持妇女投身"一带一路"建设，为推动构建人类命运共同体发挥重要作用。

12. 发挥妇联组织在营造男女平等和妇女全面发展环境中的积极作用。健全完善引领服务联系妇女的工作机制，发挥桥梁纽带作用，凝聚妇女人心。联合中央主流媒体，依托妇联全媒体，大力宣传习近平总书记关于妇女和妇女工作的重要论述，宣传马克思主义妇女观和男女平等基本国策，宣传妇女"半边天"作用。加强妇女舆情尤其是网络舆情监测，对错误观点言论及时发声，协调督促处置，正面引导舆论，优化有利于妇女全面发展的社会舆论环境。

（八）妇女与法律。

主要目标：

1. 全面贯彻落实男女平等宪法原则和基本国策，健全完善保障妇女合法权益的法律体系。

2. 促进法规政策性别平等评估机制规范化建设和有效运行。

3. 提高妇女尊法学法守法用法的意识和能力。充分发挥妇女在法治中国建设中的作用。

4. 深入实施反家庭暴力法，预防和制止针对妇女一切形式的家庭暴力。

5. 严厉打击拐卖妇女、性侵害妇女等违法犯罪行为。

6. 提升预防和制止性骚扰的法治意识，有效遏制针对妇女的性骚扰。

7. 严厉打击利用网络对妇女实施的违法犯罪行为。

8. 保障妇女在家庭关系中的财产所有权、继承权，保障妇女对婚姻家庭关系中共同财产享有知情权和平等处理权。

9. 依法为妇女提供公共法律服务。保障遭受侵害妇女获得及时有效的司法救助。

策略措施：

1. 推进男女平等宪法原则和基本国策贯彻落实到法治中国建设全过程。适时修订妇女权益保障法、刑法、社会保险法、女职工劳动保护特别规定等法律法规，完善保障妇女合法权益的法律体系。加大民法典、妇女权益保障法等法律法规的实施力度，加强执法检查和督查督办，保障侵害妇女权益案件获得公平公正处理。促进开展妇女权益保障领域的公益诉讼。将保障妇女权益相关内容纳入基层社会治理，纳入法治队伍建设、全民普法规划和群众性法治文化活动，增强全社会的男女平等法治意识和法治素养。

2. 加强法规政策性别平等评估工作。健全国家、省（自治区、直辖市）、市（地、州、盟）法规政策性别平等评估机制和县（市、区、旗）政策性别平等评估机制，明确评估范围，规范评估流程，细化评估指标。加强法规政策制定前研判、决策中贯彻、实施后评估的制度化建设。开展性别平等评估相关培训，加强专业化队伍建设，将男女平等基本国策落实到法规、规章、政策制定实施全过程各环节。

3. 提升妇女法治意识和参与法治中国建设的能力。深入开展民法典等专项普法活动，面向妇女提供法律咨询等服务，引导妇女自觉学习宪法和法律知识，增强法治观念，养成办事依法、遇事找法、解决问题用法、化解矛盾靠法的法治思维和行为习惯。鼓励妇女多途径参与立法、司法和普法活动。充分发挥女人大代表、女政协委员、妇联组织、以女性为成员主体或者以女性为主要服务对象的社会组织等在科学立法、民主立法和立法协商中的作用。

4. 加大反家庭暴力法的实施力度。健全完善预防和制止家庭暴力多部门合作机制，适时出台落实反家庭暴力法的司法解释、指导意见或实施细则，发布反家庭暴力的典型案例或指导性案例。推动省（自治区、直辖市）、市（地、州、盟）出台反家庭暴力地方性法规。加强宣传教育、预防排查，建立社区网格化家庭暴力重点监控机制。完善落实家庭暴力发现、报告、处置机制，强化相关主体强制报告意识，履行强制报告义务。加大接处警工作力度，开展家庭暴力警情、出具告诫书情况统计。对构成犯罪的施暴人依法追究刑事责任，从严处理重大恶性案件。及时签发人身保护令，提高审核签发率，加大执行力度。加强紧急庇护场所管理，提升庇护服务水平。加强对家庭暴力受害妇女的心理抚慰和生活救助，帮助其身心康复。加强对施暴者的教育警示、心理辅导和行为矫治。开展家庭暴力案件跟踪回访。加强反家庭暴力业务培训和统计。

5. 坚决打击拐卖妇女犯罪。完善落实集预防、打击、救助、安置、康复于一体的反拐工作长效机制。坚持预防为主、防治结合，提高全社会的反拐意识以及妇女的防范意识和能力。深入实施反对拐卖人口行动计划，打击拐卖妇女犯罪团伙。整治"买方市场"，及时解救被拐妇女并帮助其正常融入社会。打击跨国跨区域拐卖妇女犯罪。

6. 加大对组织、强迫、引诱、容留、介绍卖淫等犯罪行为的打击力度。加强网络治理，利用大数据完善违法信息过滤、举报等功能，严厉打击利用网络组织、强迫、引诱、容留、介绍妇女卖淫。依法加大对强迫、引诱幼女和智力残疾妇女卖淫的打击力度。加强社会治安综合治理，建立常态化整治机制，鼓励群众监督和举报涉黄违法犯罪行为。

7. 有效控制和严厉惩处强奸、猥亵、侮辱妇女特别是女童和智力、精神残疾妇女的违法犯罪行为。加强防性侵教育，提高妇女尤其是女童的防性侵意识和能力。建立完善重点人群和家庭关爱服务机制、侵权案件发现报告机制、多部门联防联动机制和侵权案件推进工作督查制度。完善立案侦查制度，及时、全面、一次性收集固定证据，避免受害妇女遭受"二次伤害"。建立性侵害违法犯罪人员信息查询系统，完善和落实从业禁止制度。加强对受害妇女的隐私保护、心理疏导和干预。

8. 预防和制止针对妇女的性骚扰。推动完善防治性骚扰相关立法。多形式多渠道传播防治性骚扰知识，提升妇女防范和制止性骚扰的意识和能力。建立健全预防和制止性骚扰工作机制，加强联防联控，发挥典型案例示范指引作用。预防和制止公共场所和工作、学习等场所发生的性骚扰，在机关、企业、学校等单位建立相关工作机制，预防和制止利用职权、从属关系等实施性骚扰。畅通救济途径。

9. 保障妇女免遭利用网络实施违法犯罪行为的侵害。加强网络信息内容生态治理，加强对网络淫秽色情信息的监管和查处，依法打击网络信息服务平台、生产者和使用者对妇女实施猥亵、侮辱、诽谤、性骚扰、散布谣言、侵犯隐私等违法犯罪行为。加强对网络平台的规范管理，保护妇女个人信息安全。依法惩治利用网络非法收集、使用、加工、传输、买卖、提供或者公开妇女个人信息的违法犯罪行为。提高妇女防范电信网络诈骗的意识和能力，严厉打击采取非法网络贷款、虚假投资、咨询服务等手段骗取妇女钱财的违法犯罪行为。

10. 在婚姻家庭和继承案件处理中依法保障妇女的财产权益。保障妇女平等享有家庭财产的占有、使用、收益和处分权利。保障妇女依法享有夫妻互相继承遗产、子女平等继承遗产的权利。保障夫妻对共同财产享有平等的知情权、处理权，认定和分割夫妻共同财产、认定和清偿夫妻共同债务时，切实保障妇女合法权益。离婚时，保障妇女依法获得土地、房屋、股份等权益，保障负担较多家庭义务的妇女获得补偿、生活困难妇女获得经济帮助、无过错妇女依法获得损害赔偿。

11. 为妇女提供优质高效的公共法律服务。推进公共法律服务实体、网络、热线三大平台融合发展，为妇女特别是低收入妇女、老年妇女、残疾妇女、单亲困难母亲等提供便捷高效、均等普惠的公共法律服务。落实法律法规对妇女申请法律援助的相关规定，保障妇女在刑事、民事、行政案件中享有诉讼代理和维权指导服务。加强维护妇女合法权益的法律援助类社会组织和专业律师、基层法务工作者队伍建设。保障特定案件中生活困难妇女能够获得司法救助。

12. 发挥妇联组织代表和维护妇女合法权益的职能作用。支持妇联组织健全联合约谈、联席会议、信息通报、调研督查、发布案例等工作制度，推动保障妇女权益法律政策的制定实施。加强"12338"妇女维权热线建设，畅通妇女有序表达诉求的渠道。及时发现报告侵权问题，依法建议查处性别歧视事件或协助办理侵害妇女权益案件，配合打击侵害妇女合法权益的违法犯罪行为，为受侵害妇女提供帮助。

三、组织实施

（一）坚持党的全面领导。坚持以习近平新时代中国特色社会主义思想为指导，坚持以人民为中心的发展思想，坚持走中国特色社会主义妇女发展道路，把党的领导贯穿于纲要组织实施全过程。贯彻党中央关于妇女事业发展的决策部署，坚持和完善促进男女平等和妇女全面发展的制度机制，在统筹推进"五位一体"总体布局、协调推进"四个全面"战略布局中推进纲要实施。

（二）落实纲要实施责任。完善落实党委领导、政府主责、妇儿工委协调、多部门合作、全社会参与的纲要实施工作机制。国务院及地方各级人民政府负责纲要实施工作，各级妇儿工委负责组织、协调、指导、督促工作，各级妇儿工委办公室负责具体工作。有关部门、相关机构和人民团体结合职责，承担纲要相关目标任务落实工作。在出台法律、制定政策、编制规划、部署工作时贯彻落实男女平等基本国策，切实保障妇女合法权益，促进妇女全面发展。

（三）加强纲要与国民经济和社会发展规划的衔接。在经济社会发展总体规划及相关专项规划中贯彻落实男女平等基本国策，将纲要实施以及妇女事业发展纳入经济社会发展总体规划及相关专项规划，结合经济社会发展总体规划部署要求推进纲要实施，实现妇女事业发展与经济社会发展同步规划、同步部署、同步推进、同步落实。

（四）制定地方妇女发展规划和部门实施方案。省级人民政府依据本纲要，结合实际制定本级妇女发展规划。市、县级人民政府依据本纲要以及上一级妇女发展规划，结合实际制定本级妇女发展规划。省、市、县级规划颁布后1个月内报送上一级妇儿工委办公室。中央及地方承担纲要（规划）目标任务的有关部门、相关机构和人民团体结合职责，按照任务分工，制定实施方案并报送同级妇儿工委办公室。

（五）完善实施纲要的工作制度机制。健全目标管理责任制，将纲要实施纳入政府议事日程和考核内容，将纲要目标分解到责任单位并纳入目标管理和考核内容。健全督导检查制度，定期对纲要实施情况开展督查。健全报告制度，责任单位每年向同级妇儿工委报告纲要实施情况和下一年工作安排，下级妇儿工委每年向上一级妇儿工委报告本地区规划实施情况和下一年工作安排。健全议事协调制度，定期召开妇女儿童工作会议和妇儿工委全体会议、联络员会议等，总结交流情况，研究解决问题，部署工作任务。健全纲要实施示范制度，充分发挥示范单位以点带面、示范带动作用。健全表彰制度，对实施纲要先进集体和先进个人按照有关规定进行表彰。

（六）加强妇女发展经费支持。各级人民政府将实施纲要所需工作经费纳入财政预算，实现妇女事业和经济社会同步发展。重点支持革命老区、民族地区、边疆地区、欠发达地区妇女发展，支持特殊困难妇女群体发展。动员社会力量，多渠道筹集资源，共同发展妇女事业。

（七）坚持和创新实施纲要的有效做法。贯彻新发展理念，坚持问题导向、目标导向，构建促进妇女发展的法律法规政策体系，完善妇女合法权益保障机制，实施促进妇女发展的民生项目。通过分类指导、示范先行，总结推广好做法好经验。通过政府购买服务等方式，发挥社会力量推动纲要实施的作用。开展国际交流合作，交流互鉴经验做法，讲好中国妇女发展故事。

（八）加强纲要实施能力建设。将习近平总书记关于妇女和妇女工作的重要论述以及男女平等基本国策有关内容、相关法律法规政策纳入各级干部学习内容，将实施纲要所需知识纳入培训计划，举办多层次、多形式培训，增强政府有关部门、相关机构和人员实施纲要的责任意识和能力。以政治建设为统领，加强各级妇儿工委及其办公室能力建设，促进机构职能优化高效，为更好履职尽责提供必要的人力物力财力支持，为纲要实施提供组织保障。

（九）加大纲要宣传力度。大力宣传习近平总书记关于妇女和妇女工作的重要论述，宣传在党的坚强领导下妇女事业发展的成就，宣传男女平等基本国策和保障妇女合法权益、促进妇女发展的法律法规政策，宣传纲要内容和纲要实施的经验、成效，努力营造有利于妇女发展的社会氛围。

（十）加强妇女发展调查研究。充分发挥各级妇儿工委及其办公室作用，加强妇女发展专家队伍建设，依托高校、研究机构、社会组织等建设妇女发展研究基地，培育专业研究力量，广泛深入开展理论与实践研究，为制定完善相关法律法规政策提供参考。

（十一）鼓励社会各界广泛参与纲要实施。鼓励企事业单位、社会组织、慈善机构和公益人士参与保障妇女合法权益、促进妇女发展等工作。鼓励妇女参与纲要实施，提高妇女在参与纲要实施中实现自身全面发展的意识和能力。

四、监测评估

（一）加强监测评估制度建设。对纲要实施情况进行年度监测、中期评估、终期评估。落实并逐步完善性别统计监测方案。各级统计部门牵头组织开展年度监测，各级妇儿工委成员单位、有关部门、相关机构向同级统计部门报送年度监测数据，及时收集、分析反映妇女发展状况的相关数据和信息。各级妇儿工委组织开展中期和终期评估，各级妇儿工委成员单位、有关部门、相关机构向同级妇儿工委提交中期和终期评估报告。通过评估，了解掌握纲要实施进展和妇女发展状况，系统分析评价纲要目标任务完成情况，评判纲要策略措施的实施效果，总结经验做法，找出突出问题，预测发展趋势，提出对策建议。监测评估工作所需经费纳入财政预算。

（二）加强监测评估工作组织领导。各级妇儿工委设立监测评估领导小组，由同级妇儿工委及相关部门负责同志组成，负责监测评估工作的组织领导、监测评估方案的审批、监测评估报告的审核等。领导小组下设监测组和评估组。

监测组由各级统计部门牵头，相关部门负责纲要实施情况统计监测的人员参加，负责监测工作的组织、指导和培训，制定监测方案和指标体系，收集、分析数据信息，向同级妇儿工委提交年度、中期和终期监测报告，编辑出版年度妇女儿童统计资料等。监测组成员负责统筹协调本部门纲要实施监测、分析、数据上报、分性别分年龄指标完善等工作。

评估组由各级妇儿工委办公室牵头，相关部门负责纲要实施的人员参加，负责评估工作的组织、指导和培训，制定评估方

136

案，组织开展评估工作，向同级妇儿工委提交中期和终期评估报告。评估组成员负责统筹协调本部门纲要实施自我评估工作，参加妇儿工委组织的评估工作。支持评估组相关部门就妇女保护与发展中的突出问题开展专项调查、评估，结果可供中期和终期评估参考。

（三）加强分性别统计监测。规范完善性别统计监测指标体系，根据需要调整扩充妇女发展统计指标，推动纳入国家和部门常规统计以及统计调查制度，加强部门分性别统计工作，推进分性别统计监测制度化建设。国家、省、市三级建立完善妇女发展统计监测数据库，支持县级妇女发展统计监测数据库建设。鼓励支持相关部门对妇女发展缺项数据开展专项统计调查。

（四）提升监测评估工作能力和水平。加强监测评估工作培训和部门协作，规范监测数据收集渠道、报送方式，提高数据质量。运用互联网和大数据等，丰富分性别统计信息。科学设计监测评估方案和方法，探索开展第三方评估。提升监测评估工作科学化、标准化、专业化水平。

（五）有效利用监测评估成果。发挥监测评估结果服务决策的作用，定期向同级人民政府及相关部门报送监测评估情况，为决策提供依据。建立监测评估报告交流、反馈和发布机制。加强对监测评估结果的研判和运用，对预计完成困难、波动较大的监测指标及时预警，对评估发现的突出问题和薄弱环节及时提出对策建议。运用监测评估结果指导下一阶段纲要实施，实现纲要实施的常态化监测、动态化预警、精准化干预、高质量推进。

最高人民检察院、中华全国妇女联合会关于印发《妇女权益保障检察公益诉讼典型案例》的通知

（2022 年 11 月 23 日）

各省、自治区、直辖市人民检察院、妇女联合会，解放军军事检察院，新疆生产建设兵团人民检察院、妇女联合会：

2022 年 10 月 30 日，第十三届全国人大常委会第三十七次会议审议通过修订后的妇女权益保障法，明确授权检察机关开展妇女权益保障领域公益诉讼。为学习贯彻党的二十大精神，全面贯彻习近平法治思想，认真落实修订后妇女权益保障法有关规定，最高人民检察院会同中华全国妇女联合会联合选编了 10 件妇女权益保障检察公益诉讼典型案例。现印发你们，供参考借鉴。

各级检察机关、妇女联合会要认真学习贯彻党的二十大精神，深入落实党中央关于妇女权益保障的部署要求，进一步加强协作配合，形成保护合力，充分发挥检察公益诉讼制度优势，做深、做细、做实妇女权益保障各项工作，为更好维护妇女合法权益、促进妇女全面发展提供有力法治保障。

妇女权益保障检察公益诉讼典型案例

目　　录

政公益诉讼案

2. 贵州省纳雍县人民检察院督促保护妇女劳动和社会保障权益行政公益诉讼案

3. 北京铁路运输检察院督促整治妇女就业歧视行政公益诉讼案

4. 上海市松江区人民检察院督促保护残疾妇女平等就业权行政公益诉讼案

5. 江苏省滨海县人民检察院诉王某红侵犯孕产妇生育信息刑事附带民事公益诉讼案

6. 江西省樟树市人民检察院督促整治低俗广告贬低损害妇女人格行政公益诉讼案

7. 新疆维吾尔自治区博尔塔拉蒙古自治州人民检察院督促保护农村妇女土地承包经营权行政公益诉讼案

8. 江苏省宝应县人民检察院督促落实涉家庭暴力妇女强制报告行政公益诉讼案

9. 广东省清远市清城区人民检察院督促加强反家庭暴力联动履职行政公益诉讼案

10. 浙江省嘉善县人民检察院督促保护妇女隐私权益行政公益诉讼案

陕西省咸阳市渭城区人民检察院督促
保护妇女劳动权益行政公益诉讼案

【关键词】

行政公益诉讼诉前程序　妇女劳动权益　预防性骚扰　公开听证　综合治理

【要旨】

针对用人单位未充分保障孕期、哺乳期妇女休息权益等问题，检察机关通过提出检察建议督促行政机关依法履职，并建立协作配合机制，推动构建妇女劳动权益保障齐抓共管格局。

【基本案情】

陕西省咸阳市渭城区多家超市、商场等女职工较多的单位存在保障女职工劳动权益不到位的问题，如未保障哺乳假，对怀孕、哺乳期女职工安排加班、夜班；未组织定期体检，未将体检时间计入劳动时间，未承担全部体检费用；未制定或落实预防、制止女职工在劳动场所遭受性骚扰的制度，损害了广大妇女劳动权益。

【调查和督促履职】

2022年6月至7月，陕西省咸阳市渭城区人民检察院（以下简称渭城区院）围绕损害妇女劳动权益问题，以"线上+线下"问卷调查、实地走访等方式开展社会调查，并于7月5日以行政公益诉讼立案。7月7日，渭城区院组织召开公开听证会，邀请渭城区人力资源和社会保障局（以下简称渭城区人社局）、渭城区妇女联合会（以下简称渭城区妇联）参加，并邀请政协委员作为听证员，围绕相关用人单位是否依法保障女职工劳动权益等问题进行论证，形成了行政机关应依法履行监管职责的听证意见。听证会结束后，渭城区院于同日向渭城区人社局公开送达行政公益诉讼检察建议书，建议其加强对用人单位的监督管理，依法保障女职工合法劳动权益。

2022年8月底，渭城区人社局回复称，已约谈了4家涉案超市、商场，就检察建议中涉及的问题下发整改通知，并提出三项具体要求：一是保障孕妇、哺乳期女职工合理休息时间，减轻工作量，禁止加班、夜班；二是落实体检规定；三是建立并公示防止职场性骚扰制度，确定专门人员处理此类纠纷。

2022年9月，渭城区院跟进监督发现，各用人单位均已经按要求整改到位，已安排哺乳期女职工休哺乳假，共组织110名女职工体检，组织全体女职工学习劳动权益保障法规政策，公示了防止女性职场性骚扰制度，某超市还将性骚扰列入奖惩制度当中，对性骚扰行为制定严格的惩处规定。同时，渭城区院针对调查阶段发现的女职工劳动权益保障意识淡漠等问题，制作了妇女权益保护普法宣传视频，联合渭城区人社局、区妇联开展普法宣传，辖区主要商场、超市均完善了妇女劳动权益保障工作。

办案过程中，渭城区院坚持以个案办理推动综合治理，与渭城区妇联联合印发了《建立妇女权益保障协作配合机制意见》，在线索移送、司法救助等多方面达成合作意见；联合设立"渭城区妇女儿童维权服务工作站"，选聘60名街办和社区工作者作为联络员，建立起"渭城区—街道—社区"三级全覆盖的妇女权益保障网格化管理机制。该机制建立以来，已接待来信来访妇女120余人，救助符合条件的妇女28人，发放救助金15万余元。

【典型意义】

劳动权益是一项重要的妇女权益，用人单位应依法保障妇女在工作和劳动时的安全和健康。本案中，检察机关以社会调查为基础，以公开听证为切入点，通过办案促进溯源治理，以"我管"促"都管"，推动形成检察监督、行政执法、妇联组织、用人单位等四方联合保障妇女劳动权益的合力，着力解决身边被漠视的妇女劳动权益保障问题。

贵州省纳雍县人民检察院督促保护
妇女劳动和社会保障权益行政公益诉讼案

【关键词】

行政公益诉讼诉前程序　妇女劳动和社会保障权益　"益心为公"志愿者　溯源治理

【要旨】

针对企业未依法保障妇女劳动和社会保障权益的行为，检察机关强化与妇联协作配合，充分发挥"益心为公"志愿者作用，通过制发诉前检察建议、设立妇女权益维权站、开展司法救助、建立长效机制等方式，切实维护妇女合法权益。

【基本案情】

贵州省毕节市纳雍县域内四家大型超市聘用女职工比例高达93%，存在着未依法为女职工缴纳社会保险、未按规定对法定节假日工作的女职工给付3倍工资、未在三八妇女节给女职工放假半天、违规安排哺乳期女职工值夜班等行为，侵害了妇女劳动和社会保障权益。

【调查与督促履职】

2022年年初，贵州省毕节市纳雍县人民检察院（以下简称纳雍县院）与纳雍县妇女联合会（以下简称纳雍县妇联）联合开展"妇女合法权益保护"专项监督活动，发现该案线索，并于2022年4月28日立案。办案过程中，检察机关主动向妇联具有专业背景的"益心为公"志愿者进行咨询，通过现场走访、调取相关证据材料及询问相关人员等方式开展调查取证，查明纳雍县域内四家大型超市违反女职工劳动保护相关法律法规，负有监督管理职责的纳雍县人力资源和社会保障局（以下简称纳雍县人社局）未依法履职，导致女职工劳动和社会保障权益受到侵害。遂向纳雍县人社局发出行政公益诉讼检察建议，建议纳雍县人社局全面履行监管职责，针对发现的问题依法进行整治，并对辖区内女性劳动者集中的用工单位进行全面排查，维护女职工的劳动权益。

纳雍县人社局收到检察建议后立即开展调查核实，督促涉案的四家超市依法缴纳女职工社会保险共计 15.6 万元；对节假日加班女职工补发工资共计 7300 元，并发放价值 4600 元的慰问品；禁止超市违规安排孕妇、哺乳期女职工加班、值夜班。通过排查，建立企业诚信档案，对侵犯妇女权益的企业纳入黑名单，强化对妇女用工企业的监督管理。

2022 年 5 月 24 日，纳雍县院联合县妇联、县人社局对全县30 余家重点妇女用工企业开展法治宣传。6 月 8 日，纳雍县人社局组织涉案的四家超市召开集体约谈会，并邀请纳雍县院现场开展法律培训，促进企业依法用工。办案过程中，为进一步推进妇女权益保护，纳雍县院与纳雍县妇联会签《关注困难妇女群众，加强专项司法救助》机制，就搭建救助平台、关爱困难妇女群体等工作达成共识，结合正在开展的"关注困难妇女群体，加强专项司法救助"活动，为涉案超市病困女职工李某某申请司法救助金 1 万元；与纳雍县人社局共同建立妇女维权工作站，设置并公告妇女维权电话，开设妇女权益保护"绿色通道"。维权站成立至今，已收到侵害妇女权益线索 30 余件，涉及妇女 51 人，欠薪总额 55.9 万元，目前已解决 14 件，涉及妇女 21 人，涉及金额共计 34.2 万元。

2022 年 8 月 11 日，纳雍县院邀请纳雍县妇联"益心为公"志愿者、县人大代表、政协委员、人民监督员共同到涉案四家超市持续跟进"回头看"，并对案件办理成效进行公开听证。听证员一致认为，行政机关已经依法全面履职，妇女劳动和社会保障权益得到有效保护，建议对该案依法终结。检察机关经审查，于2022年8月12日对该案依法终结。

【典型意义】

妇女依法享有劳动和社会保障权利，是妇女实现其政治、经济、文化、社会和家庭生活等各方面权益的基础。本案中，检察机关针对用人单位未依法保障妇女劳动和社会保障权利的行为，充分发挥公益诉讼职能作用，加强与妇联的协作配合，通过诉前检察建议督促行政机关依法履职、切实整改，并联合建立妇女权益保护"绿色通道"，以个案推动完善长效机制，促进溯源治理。

北京铁路运输检察院督促整治
妇女就业歧视行政公益诉讼案

【关键词】

行政公益诉讼诉前程序　妇女平等就业权益　性别歧视　网络招聘服务平台　系统治理

【要旨】

针对网络招聘服务平台违规发布歧视女性招聘信息的问题，检察机关以反就业歧视为切入点，通过诉前检察建议督促行政机关对相关用人单位进行监管，对网络招聘服务平台审核机制督促整改，推动溯源治理，切实维护妇女平等就业的合法权益。

【基本案情】

北京市海淀区部分用人单位在网络招聘服务平台上发布含有"男士优先""限男性"等性别歧视性内容的网络招聘信息，海淀区某人力资源服务机构以提供网络招聘服务平台为服务方式，在为劳动者求职和用人单位招用人员提供服务的过程中，对用人单位提供的含有性别歧视性内容的网络招聘信息进行平台发布，未尽到审核义务。用人单位和人力资源服务机构的上述行为，侵犯了妇女平等就业的合法权益，损害了社会公共利益。

【调查和督促履职】

北京铁路运输检察院（以下简称北京铁检院）开展"保障妇女权益，促进平等就业"专项活动，依托构建的网络招聘服务平台就业歧视公益诉讼线索发现模型，对北京各大网络招聘服务平台开展大数据筛查，发现海淀区4家用人单位在发布招聘平面设计学徒、现场代表、客服经理等工作岗位时，岗位要求中存在"男士优先""限男性"等性别歧视性内容，于2022年4月6日以行政公益诉讼立案。进一步调查发现，在海淀区某人力资源服务机构运营的大型网络招聘服务平台上，有13家外省市用人单位存在发布性别歧视网络招聘信息的违法行为。北京铁检院经审查认为，根据《中华人民共和国妇女权益保障法》《中华人民共和国就业促进法》《人力资源市场暂行条例》《网络招聘服务管理规定》等法律法规规定，北京市海淀区人力资源和社会保障局（以下简称海淀区人社局）负有监管职责。2022年4月20日，北京铁检院与海淀区人社局召开座谈会并发出检察建议书，督促行政机关对存在违法行为的用人单位及未尽审核义务的网络招聘服务平台依法查处，健全网络招聘服务监管机制，加大对辖区内人力资源服务机构开展网络招聘服务的监管力度。

检察建议发出后，行政机关积极开展整改工作：一是对4家用人单位逐一核查，督促用人单位对发布的网络招聘信息进行修改，删除性别歧视性岗位要求；二是督促涉案的某人力资源服务机构对其发布在网络招聘服务平台上的网络招聘信息自行全面筛查，及时发现并纠正违法信息，并对该人力资源服务机构分阶段开展三轮检查，确保该机构在平台发布的169家企业的网络招聘信息合法，全面整改到位；三是在辖区内开展人力资源服务行业规范经营自查行动和"以案释法"法规宣讲活动，切实保障辖区内人力资源服务机构规范化、专业化经营；四是通过督促机构自查自改和"双随机"检查相结合的方式，实现对辖区内人力资源服务机构的常态化监管。

收到行政机关书面回复后，北京铁检院积极开展跟进监督，通过网上核实行政机关履职情况，确认相关违法情形已经消除，社会公益已得到有效维护。2022年7月，北京铁检院与海淀区人社局召开座谈会，就检察建议整改、后续监管等情况深入交流，进一步凝聚共识，共同促进妇女就业、维护社会公益。

【典型意义】

反对就业歧视，保障妇女平等就业和自主择业的权利，是尊重和保障妇女权益的必然要求。随着网络招聘模式的逐渐普及，妇女就业歧视的违法行为更趋隐蔽，给行政机关监管、妇女就业维权带来一定困难。本案中，检察机关从网络招聘服务平台的监管盲区入手，依托大数据筛查，通过制发检察建议，激发行政机关监督执法主动性，规范网络招聘服务平台审核管理职责，有效避免歧视性招聘信息的发布，拓宽妇女就业渠道，注重溯源治理，推动形成妇女权益保护合力，实现了双赢多赢共赢的办案效果。

上海市松江区人民检察院督促保护
残疾妇女平等就业权行政公益诉讼案

【关键词】

行政公益诉讼诉前程序　残疾妇女平等就业权益　协同共治
"益心为公"志愿者

【要旨】

针对辖区内企业残疾人招聘涉嫌性别歧视问题，检察机关借助"益心为公"检察云平台志愿者力量，充分发挥公益诉讼检察职能，精准督促相关职能部门及时纠正整改，共同维护残疾妇女的平等就业权。

【基本案情】

2022年5月，上海市松江区的上海某置业公司、上海某园林公司在面向全区残疾人推出的就业招聘中对岗位性别进行了限定，限招男性，然而岗位并不属于国家规定的不适合妇女的工种或者岗位，未充分保障残疾妇女平等就业权，损害了社会公共利益。

【调查和督促履职】

2022年5月，一名"益心为公"检察云平台志愿者向上海市松江区人民检察院（以下简称松江区院）反映，近期本区残疾人线上专场招聘中，部分招聘岗位指向性明显，涉嫌性别歧视。松江区院迅速研判并调查核实，发现该招聘活动系2022年松江区国有企业招录残疾人线上专场招聘，旨在帮扶残疾人就业。招聘启事中有企业岗位设定性别限制，岗位信息显示：上海某置业公司招聘招标审价员1人，性别男，岗位要求遵守国家法律法规，爱岗敬业，品行端正；具有全日制本科及以上学历，理工类相关或相近专业；具有5年以上招标审价工作经验。上海某园林公司招聘绿化修剪工1人，性别男，岗位要求是熟悉园艺修剪，能够适当从事体力劳动。松江区院经审查认为，上述岗位并不属于国家规定的不适合妇女的工种或者岗位，却限招男性，侵害残疾妇女平等就业权，损害了社会公共利益。根据《中华人民共和国劳动法》《中华人民共和国就业促进法》等相关法律规定，松江区人力资源和社会保障局（以下简称区人社局）负有监督管理职责。2022年5月30日，松江区院以行政公益诉讼立案并开展调查取证。

2022年6月8日，松江区院举行线上公开听证会，邀请区人社局、区国有资产监督管理委员会（以下简称区国资委）、区残疾人联合会（以下简称区残联）、人民监督员、"益心为公"志愿者及用人单位代表共同参与听证，就公益侵害事实、如何保护妇女平等就业权等问题开展探讨并取得共识，一致认为涉案企业积极落实帮扶残疾人群体就业值得肯定，但在招聘岗位并不属于国家规定的不适合妇女的工种或者岗位、仅限招录男性的做法，违反了《中华人民共和国妇女权益保障法》等法律规定，未充分保障残疾妇女平等就业权。听证会结束后，松江区院依法向区人社局发出行政公益诉讼诉前检察建议，建议其履行保障残疾妇女平等就业权的法定监管职责，并协同有关职能部门进一步规范辖区内企业单位招聘工作，建立健全长效工作机制。同时，松江区院向区国资委、区残疾人就业促进指导中心分别制发《关于进一步规范辖区国有企业招聘工作的提示函》《关于进一步优化辖区残疾人就业指导工作的提示函》，提示规范招聘信息征集、发布流程管理，凝聚多部门工作保护合力。

各行政机关收到检察建议或提示函后高度重视，并积极推动整改。区人社局回函表示，已第一时间约谈涉案企业，责令立即改正违法行为，并就规范辖区内企业单位的招聘工作进行了整体部署；区国资委回函表示，已删除原招聘链接并重新制作后予以发布；区残疾人就业促进指导中心回函表示，已向各街镇残联下发通知，取消性别限制，延长报名时间，同时优化招聘工作流程与机制，截至目前已有残疾女性报名。

收到回函后，松江区院通过线下上门走访、线上调查核实等方式进行跟进监督，确认了相关整改事实，社会公共利益得到维

148

护。同时，为进一步做好溯源治理，松江区院与区妇女联合会建立工作机制，全方位保护残疾妇女合法权益。

【典型意义】

国家高度关注残疾人就业，2022年全国助残日主题就是"促进残疾人就业，保障残疾人权益"。本案中，检察机关围绕残疾女性的平等就业权开展公益诉讼，依法向主管行政机关发出诉前检察建议，督促及时纠正违法招聘行为、消除就业歧视。既立足残疾人弱势群体保护，也着眼妇女平等就业权保障。同时，坚持以"我管"促"都管"，注重拓展办案效果，分别向相关部门发出工作提示函，督促其进一步优化就业招聘工作机制，形成多元主体协同保护残疾妇女合法权益的治理格局。

江苏省滨海县人民检察院诉王某红侵犯
孕产妇生育信息刑事附带民事公益诉讼案

【关键词】

刑事附带民事公益诉讼　　行政公益诉讼诉前程序　　孕产妇生育信息　　妇女人格权益　　公益损害赔偿金

【要旨】

针对孕产妇生育信息被泄露、滥用的行为，检察机关充分发挥刑事、公益诉讼检察职能作用，依法追究当事人的公益损害赔偿责任，并建立公益损害赔偿款财政专用账户托管机制，全方位保护公民个人健康生理信息。

【基本案情】

2016年至2020年期间，被告王某红利用自己在江苏省滨海县某镇中心卫生院的工作便利，为获取非法利益向他人提供孕产妇、新生儿等生育信息计 25124 条。上述信息被转售给当地母婴店和儿童摄影馆，用于定向推销母婴产品、新生儿照相等产品或服务。王某红从中非法获利人民币 33200 元。

【调查和诉讼】

江苏省滨海县人民检察院（以下简称滨海县院）在履职中发现本案线索，于 2021 年 3 月 26 日立案，并围绕被泄露信息是否属于健康生理信息、公共利益是否受到损害等问题进行重点调查。此案发生时，《中华人民共和国个人信息保护法》尚未出台，检察机关就管辖权、赔偿数额、公益赔偿金使用等问题加强研究，与相关部门形成"刑事处罚+民事赔偿"同步处理的共识。同年 4 月 15 日，滨海县院召开公开听证会，邀请人大代表、政协委员、人民监督员、妇女代表等作为听证员，就如何保护妇女儿童个人信息、提起公益诉讼的必要性等开展广泛讨论。听证员一致认为，检察机关应主动履职，提起公益诉讼，最大程度保护妇女儿童的合法权益。

2021 年 4 月 22 日，滨海县院向滨海县人民法院提起刑事附带民事公益诉讼，在依法追究王某红刑事责任的同时，请求判令王某红承担民事赔偿金 33200 元，并在地市级以上新闻媒体向公众公开赔礼道歉。

2021 年 11 月 2 日，法院以王某红犯侵犯公民个人信息罪，判处其有期徒刑三年，并处罚金人民币三万五千元；判决王某红支付损害赔偿金人民币三万三千二百元，并在本市市级以上媒体公开登报赔礼道歉。同时，滨海县院会同财政部门研究出台《关于加强公益赔偿资金使用管理办法（试行）》，建立公益损害赔偿款财政专用账户托管机制，专设财政代管账户，并就利用公益损害赔偿金开展保护妇女儿童公益活动达成一致意见。目前，损害赔偿金已执行到位并存入财政代管账户。

针对办案中发现的医疗机构存在泄漏公民个人信息隐患问题，滨海县院向县卫生健康委员会（以下简称县卫健委）制发行政公益诉讼检察建议，建议其采取有效措施消除现有的孕产妇信息泄露隐患，从制度建立、设备更新、人员管理等方面完善公民个人信息的保护机制。收到检察建议后，县卫健委立即召开全县医疗机构警示教育大会，签订信息安全保密责任状，建立孕产妇、新生儿信息专人保管、"双人双密"的保护制度。

【典型意义】

孕产妇生育信息属于个人健康生理信息，是《中华人民共和国民法典》保护的有重要价值的公民个人信息。生育信息数据庞大，一旦泄露易引发针对妇女的电信诈骗、定向促销、人身骚扰等多种关联违法犯罪活动，给相关家庭人身和财产安全构成重大威胁。本案中，检察机关在通过刑事检察从严惩治侵害公民个人信息犯罪行为的同时，通过提起刑事附带民事公益诉讼、制发检察建议等方式推动相关行业领域整治，设立公益损害赔偿金专用账户，构建多部门协作配合机制，共同维护孕产妇生育信息安全。

江西省樟树市人民检察院督促整治低俗广告
贬低损害妇女人格行政公益诉讼案

【关键词】

行政公益诉讼诉前程序　低俗广告　妇女人格权益　公开听证

【要旨】

针对企业通过发布含物化矮化女性或贬低损害妇女人格等低俗内容的广告进行恶意营销的行为，检察机关可以通过发出检察建议，督促行政机关依法查处企业广告违法行为，推动开展区域内行业整治，引导企业加强合规建设，维护妇女合法权益。

【基本案情】

2021年8月1日，江西某公司委托某科技公司对妇炎洁女性个护保养系列产品提供运营、策划、推广、销售等服务。2022年4月30日，该科技公司在天猫妇炎洁官方旗舰店推广销售"妇炎洁玻尿酸玫瑰滋养洗液"产品时，在商品详情页面的广告宣传中使用"洗出'少女粉'""黑！暗沉发黑，遭伴侣嫌弃"等大量低俗、恶俗、媚俗用语，贬损妇女人格尊严，造成了恶劣社会影响。

【调查和督促履职】

2022年5月19日，江西省宜春市人民检察院在履职中发现上述线索，并移交江西省樟树市人民检察院（以下简称樟树市院）办理。同年5月23日，樟树市院依法以行政公益诉讼立案，并调取了涉案产品生产销售、广告制作发布等证据材料，查清了案件基本事实。为准确界定涉案广告性质，检察机关委托妇科专家出具意见，专家意见认为普通洗液产品无法达到该广告宣传的效果，会误导女性对自己的身体产生错误认知。樟树市院经审查认为，根据《中华人民共和国广告法》《中华人民共和国妇女权益保障法》《中华人民共和国消费者权益保护法》等法律法规规定，樟树市市场监督管理局（以下简称樟树市市监局）具有广告监督管理、妇女权益保障、消费者权益保护等职责。

2022年6月20日，樟树市院主持召开公开听证会，邀请樟树市市监局、妇女联合会、相关公司以及人大代表、人民监督员等参加，主要围绕涉案广告的违法性、危害性以及制发检察建议的必要性进行了充分讨论，听证员一致认为该广告包含低俗、引人误解内容，损害了广大妇女权益，应当制发检察建议督促行政机关履职。听证会结束后，樟树市院向樟树市市监局公开宣告送达检察建议书，建议其依法全面履行监管职责，对发布贬低、侮辱妇女人格等违背社会良好风尚违法广告的行为及时查处，并督促企业切实消除对广大妇女造成的不良社会影响；同时，对辖区内经营单位已发布广告进行全面排查并加强对本行政区内广告的日常监管。

樟树市市监局收到检察建议后及时依法履职，对相关企业负责人进行约谈，责令涉及低俗广告的产品全网下架，并对2家涉案企业分别作出80万元、50万元的行政处罚。同时，对辖区内经营单位涉及广告发布、产品审批报备等项目进行重点检查，先后出动执法人员200余人次，检查各类日化品、医疗器械、医疗产品等经营主体300余家，共立案查处4起违法广告，责令10余家企业进行整改；向全市生产企业、广告主、广告经营者和广告发布者发出《规范商业营销宣传的提醒告诫书》，引导企业树立正确价值取向，切实做到合法经营。

办案过程中，检察机关协同行政机关持续跟进涉案企业整改进展，积极引导企业承担社会责任，相关企业已主动发起和参与多项妇女权益保障公益性活动，并捐赠245万元用于疫情防控。目前，涉案企业已主动配合整改，依法下架相关产品，并通过解聘、降薪等方式追究了20余名涉案相关人员的责任。针对案件反映的企业监管漏洞，积极开展合规建设，完善规章制度建设。江西某公司专门增设企业合规经理岗，制定完善公司宣传管理规章制度，积极适应市场化、法治化发展需要。

【典型意义】

妇女人格权受法律保护。企业发布贬损女性人格的低俗产品广告误导大众，不仅违背公序良俗，也违反相关法律规定，损害了广大女性的人格尊严与合法权益。本案中，检察机关结合专家意见、公开听证结论，依法发出诉前检察建议，督促相关职能部门依法约谈企业并责令下架相关产品，开展低俗广告专项整治活动，促进行业自律，引导企业合规发展，规范广告发布等经营行为，积极参与社会公益事业，实现了三个效果的有机统一。

新疆维吾尔自治区博尔塔拉蒙古自治州人民检察院督促保护农村妇女土地承包经营权行政公益诉讼案

【关键词】

行政公益诉讼诉前程序　妇女财产权益　土地承包经营权综合治理

【要旨】

针对基层政府违法收回"外嫁女"土地、侵害农村妇女土地承包经营权的情形，检察机关通过公开听证、检察建议等方式，督促基层政府及相关业务主管部门履行主体责任，通过个案办理推动类案监督，切实解决辖区内类似侵犯妇女合法权益问题。

【基本案情】

新疆维吾尔自治区博尔塔拉蒙古自治州（以下简称博州）温泉县甲镇某村村民周某兰、周某红分别于 1987 年 2 月、1989 年 1 月外嫁至博州博乐市乙镇，并将户口随迁至该镇。户籍迁出后，甲镇人民政府遂将二人承包的土地承包经营权收回（每人 7.2 亩，共计 14.4 亩），而乙镇人民政府未向周某兰、周某红分配相应土地。二人为此多次向甲镇、乙镇、温泉县农业农村部门反映归还土地承包经营权事宜，一直未得到有效解决。

【调查和督促履职】

2020 年 12 月 15 日，博州人民检察院（以下简称博州院）

12309 检察服务热线接到周某兰、周某红救助申请，控申部门将案件线索移交公益诉讼检察部门办理。博州院利用一体化办案机制，将该案线索交温泉县人民检察院（以下简称温泉县院）初查。经初步查明，2020 年 9 月 3 日，温泉县农业农村部门针对周某兰、周某红反映事项，认定甲镇政府依据其制定的《关于进一步深化农村改革实施"五统一"服务的意见》，收回二人土地承包经营权，违反了农村土地承包法的相关规定，并将该事项交由甲镇政府依法予以妥善处理。2021 年 2 月 8 日，甲镇政府作出维持收回周某兰、周某红土地承包经营权的意见。同时，温泉县院还发现其他乡镇也存在类似情况，涉及"外嫁女"百余人。2021 年 11 月 26 日，经报上级检察机关同意，博州院针对上述可能侵害农村妇女土地承包经营权的情形以行政公益诉讼立案办理。

2021 年 12 月 13 日，博州院组织博州和温泉县两级农业农村局、温泉县人民政府、甲镇政府、乙镇政府召开公开听证会，并邀请博州人大代表、人民监督员参加，博州纪委监委、妇女联合会（以下简称妇联）、司法局、信访局等部门列席。听证会上，博州妇联表示，妇女和男子享有平等的权利，"外嫁女"的土地承包经营权应予以保护。博州纪委监委表示，行政机关应依法行政，不能因为案涉问题涉及面广、涉及人数众多就久拖不决，损害当事人合法权益。人大代表认为，检察机关召开听证会非常有必要，对职能部门未能依法履职的情形应当依法监督。经听证代表合议，一致认为收回"外嫁女"土地承包经营权的行为侵害了妇女的合法权益，应予纠正。听证会结束后，博州院分别向甲镇政府、博州农业农村局发出诉前检察建议，建议甲镇政府纠正违法行为；建议博州农业农村局开展专项调查，对辖区内类似情况全面摸排，并加强与相关职能部门沟通协调，解决类似历史遗留问题，做好妇女权益保护工作。

收到检察建议后，博州农业农村局、甲镇政府积极履职，并及时与当事人沟通协商。在双方当事人的申请下，检察机关分别于 2021 年 12 月 17 日和 27 日组织两次案件协调会，推动解决周某兰、周某红反映问题。博州农业农村局开展专项调查，经全面摸排分析，决定将类似问题引导启动仲裁程序。经协商，甲镇政府返还周某兰、周某红原一轮承包土地，并逐年支付该土地统一发包的承包费用，期间土地由甲镇某村实行规模化连片经营管理，周某兰、周某红享有土地的收益和流转等权益。同时，甲镇政府废止《关于进一步深化农村改革实施"五统一"服务的意见》。

【典型意义】

《中华人民共和国妇女权益保障法》《中华人民共和国农村土地承包法》明确规定，妇女依法平等享有承包土地的各项权益，任何村（居）民自治条例、决议等地方性政策规定，都应当依法制定，不得违法剥夺妇女合法权益。本案中，周某兰、周某红等"外嫁女"在未获得嫁入地分配土地之前，原户籍地基层政府收回土地承包经营权的行为，侵害了妇女的合法权益。检察机关依法能动履职，以公开听证、检察建议、沟通协商等方式督促地方政府及相关部门依法履职，对涉及的地方政府规范性文件予以废止，并推动了区域内同类问题的综合治理，起到了办理一案、治理一片的效果，有效维护了农村妇女合法权益。

江苏省宝应县人民检察院督促落实涉家庭暴力妇女强制报告行政公益诉讼案

【关键词】

行政公益诉讼诉前程序　家庭暴力　妇女生命健康权益　医

疗机构强制报告义务

【要旨】

针对医疗机构未履行发现民事行为能力受限妇女遭受或疑似遭受家庭暴力的报案义务，且行政机关存在监管缺失，致使受家暴妇女权益被侵害的情形，检察机关可以积极稳妥开展公益诉讼，督促、协同相关责任主体履职尽责，推动构建联防联动的涉家庭暴力妇女保护体系。

【基本案情】

2020 年 6 月 24 日，江苏省宝应县金某某亲属至宝应县妇女联合会（以下简称妇联）反映，称金某某（智力残疾四级）被丈夫郝某某殴打致伤。医疗机构就诊证明显示：金某某受暴力后全身多处瘀斑、肿胀，诊断病情为"多发性击打伤"。经初步了解，接诊医院发现残障妇女遭受暴力殴打而未报警。进一步调研发现，县域近 87% 的医疗机构未落实强制报告制度，行政机关监管不到位。

【调查和督促履职】

2021 年 11 月，江苏省宝应县人民检察院（以下简称宝应县院）与县妇联共同开展"消除对妇女家暴、维护妇女权益"专项行动，采用综合调研、数据对比等方式，查阅全县近三年涉妇女家暴样本 1000 余份，发现存在公安机关处理警情不到位、卫生部门监管不严等问题，排查出"金某某疑遭家暴"等 3 条重点线索。宝应县院研判后认为，应当发挥检察监督职能作用，督促相关责任主体依法履职。2021 年 11 月 11 日，宝应县院与公安机关进行磋商，促成其对相关施暴者批评教育或出具告诫书。

宝应县院进一步核查发现，金某某有智力残疾，就诊时医务人员已诊断其因暴力导致多发性击打伤，但医疗机构及人员未履行《中华人民共和国反家庭暴力法》等法律规定的报告义务。检察机关经审查认为，县域内多数医疗机构均不知悉对此类情形负有强制报告义务，宝应县卫生健康委员会（以下简称县卫健委）负有监管职责却未采取有效监管措施，侵害了妇女合法权益。2022年2月24日，宝应县院决定以行政公益诉讼立案。

2022年3月1日，宝应县院向县卫健委发出诉前检察建议，建议其履行监督管理职责，依据《中华人民共和国反家庭暴力法》第十四条、《江苏省反家庭暴力条例》第二十五条等规定，对涉案医疗机构及医务人员作出相应处理，组织开展专题教育培训和考核检查；建立健全全县医疗机构受家暴妇女接诊处置强制报告工作流程；加强与相关责任单位协作配合，完善联动保护工作机制。

县卫健委收到检察建议后高度重视，立即开展强制报告制度执行情况专项督查，对强制报告执行不力情况予以通报并约谈相关人员；开展类案研判，出台《医疗机构实施侵害未成年人案件和妇女遭受家暴案件强制报告制度工作流程》，并对全县医护人员进行专题培训；召开落实"强制报告"机制圆桌会议，协同宝应县院、妇联、公安、民政等部门，搭建线索移送、信息共享、进度通报、结果汇总的工作平台，覆盖全县19家公立医疗机构、13家民营医疗机构及责任单位。

为进一步强化相关责任主体履职意识，完善反家暴治理机制，宝应县院联合县监察委员会、法院、公安、卫健委、妇联等部门出台《关于在消除对妇女家暴维护妇女权益工作中加强协作的实施意见》，构建受家暴妇女权益一体化保护联盟。同时，针对在跟进监督过程中发现金某某患有智力残疾、离婚后家庭十分困难的情况，宝应县院依据《江苏省反家庭暴力条例》的规定，及时发放司法救助金3000元；针对发现的因政策信息渠道闭塞导致残疾人不能及时享受国家、地方救助的问题，宝应县院与县残疾人联合会、民政等部门沟通，建议开展专项排查。促成责任部门将金某某纳入困难残疾人生活补贴对象，每月发放补贴148元。

【典型意义】

家庭暴力是"社会公害"，需要协同共治。本案中，检察机关加强与妇联协作配合，以个案线索为突破口，通过公益诉讼诉前检察建议，督促行政机关依法履职并落实发现民事行为能力受限妇女遭受或疑似遭受家庭暴力时的强制报告制度。针对地方反家暴治理机制"碎片化"现状，检察机关争取地方党委领导、政府支持，推动建立多职能部门联动协作机制，体现了公益诉讼检察凝聚各方合力、促进系统治理的独特制度价值。

广东省清远市清城区人民检察院督促
加强反家庭暴力联动履职行政公益诉讼案

【关键词】

行政公益诉讼诉前程序　家庭暴力　妇女生命健康权益　磋商　溯源治理

【要旨】

针对个案中反映出有关部门在开展反家庭暴力工作中惩处、协作等方面的不足，检察机关通过构建上下联动、内外协同的公益诉讼一体化办案格局，灵活采用磋商等办案方式，督促协同相关职能部门依法联动履职，切实保障涉家庭暴力妇女的生命健康权等合法权益。

【基本案情】

2021年9月以来，广东省清远市清城区无业人员李某（化名）因索要钱财未果，多次殴打妻子马某（化名），并通过摔马某手机等方式威胁马某不许向他人求助。马某曾以报警、联系社工等方式向有关部门求助，但有关部门未充分告知其救济途径和权利，对李某以劝解、口头警告为主。马某因长期受到李某的威胁和殴打，为躲避家暴曾与三个女儿短暂露宿街头，身心遭受较大伤害，其合法权益持续处于受侵害状态。

【调查和督促履职】

2022年3月，广东省清远市清城区人民检察院（以下简称清城区院）在履行公益诉讼检察职责中发现本案线索，经逐级请示广东省人民检察院（以下简称广东省院）同意，决定作为行政公益诉讼立案。省市县三级院坚持一体化办案，广东省院与省妇女联合会（以下简称妇联）开展座谈听取意见建议，清远市人民检察院（以下简称清远市院）制定专案推进具体方案，并指导清城区院依法开展调查。清城区院通过走访调查、询问当事人等方式，了解到马某多次向有关部门求助，但有关部门未严格执行《中华人民共和国反家庭暴力法》《广东省实施〈中华人民共和国反家庭暴力法〉办法》的相关规定，没有全面依法收集证据，权利告知不充分，联动单位未及时通报、转介、跟进，基层组织未及时排查上报，采取的制约措施力度不足。同时，清城区院通过走访法院、教育、民政、司法、妇联、公安等单位，进一步调查核实辖区内家暴案件情况及相关职能部门履职情况，发现当地存在制发家暴告诫书、给予行政或刑事处罚的案件数量相对偏少，在联动履行反家庭暴力惩处、服务、宣传、监督等职能方面存在堵点，家庭暴力预防工作存在漏洞，以妇女为主的家暴受害人权益保障不充分等问题。

2022年7月20日，在前期调查的基础上，清远市院、清城区院组织清城区法院、教育、民政、司法、妇联、公安等单位，召开行政公益诉讼案件磋商座谈会，邀请人民监督员代表参会并发表意见。会议明确了各参会单位的职责分工，对10项加强联动的具体举措达成共识。随后，清城区院和区妇联牵头组织公安机关、属地政府工作人员，上门听取马某诉求，共同协调处置方案。公安机关重新跟进并全面收集家暴证据，依法对施暴者予以训诫，民政部门安排社工对受害人进行心理辅导，清城区院联合区妇联对马某母女实施司法救助。目前，马某一家已回归平静生活，李某与其共同经营水果摊，未再发生家暴事件。

为进一步深化办案效果、建立长效机制，清远市院与市妇联签订妇女权益保障公益诉讼协作机制，清城区院和区妇联牵头组织相关单位举办反家庭暴力妇女权益保障联动履职沙龙。清城区妇儿工委牵头完成了《清城区家庭暴力案件处置工作联动机制》的修订工作，搭建了法院等7个单位的联动履职信息共享平台；清远市公安局清城分局出台了处置家庭暴力警情工作规范和反家庭暴力"九个一"工作方案。清城区妇联牵头各职能部门完善反家庭暴力工作实施方案，建立集预防、处置、救助为一体的家暴案件绿色通道。

【典型意义】

妇女是家庭暴力的主要受害群体之一。《国家人权行动计划（2021-2025年）》明确提出，对不履行预防和制止家庭暴力职责等侵害不特定多数妇女合法权益、损害社会公共利益的行为，检察机关可以发出检察建议或提起公益诉讼。本案中，针对当地反家庭暴力工作存在的"九龙治水"问题，检察机关探索通过公益诉讼以"我管"促"都管"，主动与妇联组织加强协作，共同推动相关职能部门联动履职，促进形成整体联动、齐抓共管的反家庭暴力工作格局，营造了全社会反家庭暴力、维护妇女权益的良好氛围。

浙江省嘉善县人民检察院督促
保护妇女隐私权益行政公益诉讼案

【关键词】

行政公益诉讼诉前程序　公共场所　妇女隐私权益　公开听证　跟进监督

【要旨】

针对公共场所中更衣室、卫生间等私密区域违法安装监控设备，侵犯妇女隐私权益的问题，检察机关依法履行公益诉讼检察职能，运用公开听证、检察建议、联席会议等方式，开展全过程、跟进式监督，建立常态化协作机制，深入推进公共场所妇女隐私权益专项保护，织密织牢妇女合法权益防护网。

【基本案情】

2013 年至 2022 年 3 月，浙江省嘉善县某公司在女性员工不知情的情况下，在女更衣室内安装监控摄像头，并通过公共大厅监控显示屏实时显示更衣画面。因监控摄像头安装在更衣室角落隐蔽处，部分女性员工就职时间较短未及发现便已离职，部分女性员工心存顾虑选择沉默，负有监管责任的行政机关在日常检查中更多关注场所公共安全。近十年间，公司数百名女性员工更衣过程被摄像头拍摄记录并在公共区域显示，严重侵犯妇女隐私权。

【调查核实和督促履职】

2022 年 2 月，浙江省嘉善县人民检察院（以下简称嘉善县院）在办理杨某某涉嫌盗窃案中发现，作为证据移送的视听资料来源于嘉善某公司安装在女性员工更衣室内的视频监控。该院公益诉讼检察部门收到线索后立即开展调查，经调查查明，该公司于 2013 年将带有储物功能的房间用作女性员工更衣室，因员工流动性较大，出于治安安全考虑，在未事先征得女性员工同意的情况下，在该更衣室角落处安装了监控摄像头，事后亦未告知女性员工。该视频监控画面与其他开放区域的监控画面均在人流量较大的休息大厅显示屏上实时切换显示，女性更衣全过程被清晰记录，妇女隐私权持续受到侵害。另调查发现，辖区内多处公共场所均未将监控设置情况进行备案，相关职能部门对公共场所监控设备安装管理存在监管盲区。

2022 年 3 月 4 日，嘉善县院召开公开听证会，邀请公安机关、文旅部门等相关部门代表，以及人大代表、政协委员等 5 名听证员，就公共场所妇女隐私权保护中行政主管部门职责划分、检察监督依据、如何跟进监督等问题开展讨论。听证员一致认为，在女性私密更衣场所安装监控的行为已严重侵害妇女合法权益，行政主管部门需加强常态化监管，检察机关有必要跟进监督。同日，嘉善县院向相关行政机关制发诉前检察建议，督促其对辖区内公共场所中涉及个人私密活动的区域进行排查，同时建议由相关部门明确向社会公布禁止安装监控设备的场所和区域，杜绝类似违法行为再次发生。

2022 年 4 月 29 日，相关行政机关作出书面回复，表示已按照检察建议内容依法履职，拆除涉案公司违法监控摄像设备，并对县域范围内所有公共场所监控设备安装情况开展了为期两周的专项检查。6 月 2 日，嘉善县院牵头县妇女联合会（以下简称妇联）、县总工会、县公安局等十部门召开全县妇女权益保护工作联席会议，对县域内 80 余处公共场所妇女隐私权益保护情况开展"回头看"，发现侵犯隐私权线索 2 条，均及时移送行政机关查处，实现了以点带面、全面监督的效果。6 月 9 日，嘉善县院与县妇联会签《关于建立公益诉讼配合协作机制》，构建信息共享、线索移送等八个方面妇女权益协作保护体系，实现专业化办案与社会保护的有效衔接。

【典型意义】

随着社会管理数字化、智能化水平的提升，企业、商场等公共场所安装监控设备的情况已十分普遍，公共场所隐私权益问题日益受到关注和重视。本案中，检察机关主动关注妇女权益保护的盲点和难点，精准把握"公共安全"与"隐私权保护"之间的平衡点，充分发挥行政公益诉讼诉前检察建议等职能作用，督促相关部门依法履职尽责。同时，注重整合人大代表、政协委员、行政机关、社会组织等多方面力量，全方位促进公共场所妇女隐私权益保护协同共治，切实增强广大妇女的幸福感、安全感。

图书在版编目（CIP）数据

中华人民共和国妇女权益保障法新旧对照与重点解读/
中国法制出版社编 . —北京：中国法制出版社，
2022. 10

ISBN 978 - 7 - 5216 - 3014 - 5

Ⅰ . ①中⋯ Ⅱ . ①中⋯ Ⅲ . ①妇女权益保障法-中国
Ⅳ . ①D922. 7

中国版本图书馆 CIP 数据核字（2022）第 196150 号

责任编辑：刘晓霞　　　　　　　　　　　封面设计：李宁

中华人民共和国妇女权益保障法新旧对照与重点解读
ZHONGHUA RENMIN GONGHEGUO FUNÜ QUANYI BAOZHANGFA
XINJIU DUIZHAO YU ZHONGDIAN JIEDU

经销/新华书店
印刷/北京海纳百川印刷有限公司
开本/850 毫米×1168 毫米　32 开　　　　　印张/ 5. 5　字数/ 112 千
版次/2022 年 10 月第 1 版　　　　　　　　2022 年 10 月第 1 次印刷

中 国 法 制 出 版 社 出 版
书号 ISBN 978-7-5216-3014-5　　　　　　　定价：20. 00 元

北京市西城区西便门西里甲 16 号西便门办公区
邮政编码：100053　　　　　　　　　　　　传真：010-63141600
网址：http：//www. zgfzs. com　　　　　　编辑部电话：010-63141664
市场营销部电话：010-63141612　　　　　　印务部电话：010-63141606

（如有印装质量问题，请与本社印务部联系。）